藍學堂

學習・奇趣・輕鬆讀

# 哈佛法學院的情緒談判課

# BEYOND REASON

*Using Emotions as You Negotiate*

Roger Fisher　PhD Daniel Shapiro
**羅傑·費雪　丹尼爾·夏畢洛** 博士

黃佳瑜——譯

致凱莉與米雅

獻上最深的愛（以及其他正面情緒）

# 目錄



## 第一部　認識情緒

## 第二部 主動回應情緒……051

## 第四部



## 第五部

# 各界好評

這本書與《哈佛這樣教談判力》一脈相承，堪稱經典！

——史蒂芬．柯維（Stephen Covey），《與成功有約》作者

強大的功能、實用的建議，能教你妥善運用情緒。

——戴斯蒙．屠圖（Desmond Tutu）大主教、諾貝爾世界和平獎得獎人

談判者的必讀之作，對所有人來說更是如此。

——艾蓮娜．卡根（Elena Kagan），美國最高法院大法官、哈佛法學院前院長

從艱難對話到正式談判，所有人都可以運用的最佳指南。

——丹尼爾．高曼（Daniel Goleman），《*EQ*》作者

注定與《哈佛這樣教談判力》並列在世界各地的無數書架上。

——霍華德．加德納（Howard Gardner），哈佛大學教育研究所教授、認知心理學家

清楚說明了人類情感在人際社會中的複雜影響，無論與朋友談判還是一起用餐，都應該提高所有互動中的文明程度和有效性。

——傑羅姆．卡根（Jerome Kagan），哈佛大學心理學教授

現實世界不可少的談判指南。羅傑．費雪和丹尼爾．夏畢洛出色而詳盡地闡述了一種將情緒朝建設性方向發展的系統。紐約警察局人質談判小組每天都要面對一些重大決定，我們會運用超越理性的技巧來直接對話，從而解決絕大多數的人質談判。

——傑克．坎布里亞（Jack J. Cambria）紐約警察局人質談判小組指揮官

身為國際刑事法院檢察官，我用法律處置世界上最嚴重的罪行。然而，真正的挑戰在於如何處理人類的情感，並最大程度地發揮自身工作的建設性影響。本書提供必要的工具，幫助我們理解如何為最嚴重的問題制定解決方案。

——路易斯．莫雷諾-奧坎波（Luis Moreno-Ocampo），國際刑事法院首席檢察官

完美跟隨《哈佛這樣教談判力》的腳步。從廣泛的談判研究取得第一手經驗，這本書既深入又易於閱讀。

——艾莉絲・博靈（Elise Boudling，一九二〇—二〇一〇），社會學家

本書正是我們現在需要的：一種清晰具有系統性、注入實踐智慧的情感處理方法，幫助你理解、豐富和改善談判以及與人的一切關係。

——倫納德・瑞斯金（Leonard L. Riskin），佛羅里達大學法律系教授

重新點燃對情感的關注，擴大了研究情緒對大腦和行為的影響。本書將研究提升到全新水準，顯示情緒如何對管理者和談判者實現目標的方式產生積極和消極的影響。

——約瑟夫・李竇（Joseph LeDoux），《情緒大腦》（*The Emotional Brain*）、《突觸的自我》（*Synaptic Self*）作者

費雪和夏畢洛的哈佛談判專案中心，建立在費雪暢銷書《哈佛這樣教談判力》的基礎上，再以這本理論清晰兼具教育性的書，闡述談判中不可避免的情緒和人際關係。

——《出版者週》評論

與眾不同的作品，仔細地構建和寫作，閱讀時可能會發現自己不時點頭讚揚書中的知識。這是一本值得深思的書，是每個談判者的架上參考書。

——《談判者雜誌》（*The Negotiator Magazine*）

本書的價值在書裡清楚呈現，作者說：無論在商務場合還是在個人或家庭關係，良好的談判有助於尊重他人，也尊重自己的感受。

——《今日美國》

本書真正將《哈佛這樣教談判力》帶到新的境界，把情感的複雜性融入規範，也是第一本教導在任何談判中，面對有如雲霄飛車般的情緒時，也能創造價值以及改變情緒——如果情緒列車不是週日才發車，那麼至少要找到一個可預測的時刻表。

——《談判月刊》（*Negotiation Journal*）

# 不懂情緒，談判你只懂一半

游梓翔

分析人的最基本方式，是將人區分為「理性」和「情緒」兩部分。人人的內心都有這兩個部分，而且每個人在這兩部分的「智商」各有高下——你的智商總分，是由IQ+EQ構成。

如果只用「理性」來談判，很多人的簡單結論是自己拿愈多愈好，對方則最好能少拿一點。但只要你談判IQ夠高，你會知道對方也可能這樣想，為了不導致成兩敗俱傷，真正應該尋求的，是雙方都能取得最大實質利益的「雙贏」方案。曾讀過羅傑·費雪教授等人的談判經典名著《哈佛這樣教談判力》的人，不會欠缺這樣的談判IQ。

不過，就算談判IQ不錯，別忘了你還有「情緒」或是EQ那一半。在談判中，就算努力想要「情緒」放假、別來插手，但這一半的你彷彿仍是如影隨形、不願缺席。

我們的「情緒」世界經常是兩種力量的拉扯——陽光燦爛、充滿正能量的正面情緒，還有烏雲滿布甚至風狂雨暴、充滿負能量的負面情緒。EQ夠高的人，總能維持自己內心和自己與他人之間的一種氣候平衡，讓正能量不被負能量壓過。做到這樣，「情緒」才不會變成「理性」的攪局者，只有讓我們的「情緒」與「理性」成為合作夥伴、取得內心的雙贏，我們才比較可能和溝通談判對象取得合作雙贏。

但要如何提升談判的EQ呢？《哈佛這樣教談判力》的主要作者羅傑．費雪教授並沒有忘記這重要的另一半。他和哈佛大學心理學教授丹尼爾．夏畢洛，給了我們這本《哈佛法學院的情緒談判課》，幫助我們認識情緒在談判中發揮的作用，並教導我們如何面對「強而有力、無所不在、難以掌控」的情緒力量。

費雪和夏畢洛開宗明義便告訴我們，負面情緒過高，你和談判對手間將可能彼此厭惡，或甚至彼此傷害，要合作自然很難。談判者必須設法提高雙方的正面情緒，讓彼此感覺到對方的友善與喜愛，於是更能聚焦於找尋有利雙方的實質利益。

但難就難在，負面情緒要如何控制，正面情緒要如何營造呢？

回答這個問題，《哈佛法學院的情緒談判課》走的不是一般情緒書籍教導人們管理負面情緒的路線，兩位作者提供的是一套獨到的解決方案——從「核心欲念」著手。核心欲念是人們心中一組最關鍵的心理需求和想望，如果感覺「核心欲念」沒得到對方的關懷照顧，負面情緒就會產生；而正面情緒經常就在「核心欲念」獲得對方重視後油然而生。

《哈佛法學院的情緒談判課》列舉的五大「核心欲念」是：賞識、親和感、自主權、地位和角色。具體言之，就是我們的想法和做法需要被他人理解和欣賞、我們需要感覺和他人關係親近友好、我們的話語權與決定權需要被他人尊重、我們需要被他人視為重要且擁有所長，而且我們需要自知並被他人知道所扮演的角色並對角色感到滿意。針對五大「核心欲念」，費雪和夏畢洛兩位教授在書中提供了許多具體可行的操作建議，透過練習，讀者也就找到了營造正能量的秘方。

這些「核心欲念」，其實都和我們在他人眼中的「價值」有關，這裏的「價值」說的不是談判中涉及的物品、服務或金錢，而是我們身為人的「價值」。如果翻譯成五句簡單的話，費雪和夏畢洛建議的這五大「核心欲念」，就是要多和對方表達「你很棒」、「我們很好」、「你認為呢」、「你很重要」和「不能少了你」。如果這五句話成為溝通談判的主旋律，雙方就有了利於合作的正面氛圍。

不過費雪和夏畢洛也不斷提醒我們，營造了正面情緒之後，還是不能放下「理性」談判的基本原則。這時候《哈佛法學院的情緒談判課》也需要搭配其他極大化雙方實質利益的建議，才能讓談判取得最好的結果。EQ需要IQ，就如同IQ也少不了EQ一樣。

對於像我這樣學習談判、研究談判、教導談判的人而言，必讀書單中當然有費雪教授的《哈佛這樣教談判力》。而多數人的書單即使不是長長一串，其中也少不了費雪和夏畢洛的《哈佛法學院的情緒談判課》。很高興看到這本重要談判著作有了翻譯流暢、編排易讀的中文版。

不懂情緒，談判你只懂了一半，而且你不懂的可能是更重要的那一半，快點用《哈佛法學院的情緒談判課》來補課吧。

（本文作者為世新大學口語傳播系教授、副校長。在兩岸多所著名大學EMBA教導談判多年，著有《制勝談判：36步驟達成合作雙贏》與《制勝談判：72戰術應對博弈困境》。）

推薦序

# 情緒，為談判不可忽略的人性面向

劉必榮

談判到底該不該理性？

按理，談判是雙方智慧的交鋒，是冷靜的博弈，需要的是沉著的布局與敏銳的洞察力。控制情緒因此變得非常重要。因為放任情緒不但會干擾我們的邏輯推理、甚至引爆衝突致場面失控，情緒不滿的臉龐更會出賣我們原本想隱藏在心裏的真正意圖。

可是控制情緒卻不是一件容易的事。所以兩位作者索性以「超越理性（Beyond Reason）」為原文書名，從談判的心理學切入，教讀者如何駕馭情緒，做好情緒談判。為談判的理論與實務，開了一扇新的大門。

本書提出人們的五個核心關切（core concerns）是否被滿足，做為情緒問題或衝突的起點。這和過去有學者從需要理論出發，以之為所有衝突的原始起點，異曲同工。這五個核心的關切是：我的想法、感受、行動，是否受到賞識？我是否被視為是他們的一分子（affiliation）？我在重要決策上是否有自主空間？我的專業地位是否得到認可？自我定義的角色與行動，是否能讓我實現自我？這五個關切構成了本書討論的五條主軸。

由於作者是哈佛談判計畫的成員，所以全書也沿襲哈佛招牌的談判七要素做為思考架構。這七個要素是關係、溝通、利益（哈佛這一派最標榜的就是實質利益談判法，主張在利益上探索，而不是在立場上糾結）、方案（是否有很多方案的組合）、正當性（legitimacy，就是憑什麼提出這些要求）、最佳替代方案、以及承諾（即便一時無法達成協議，下桌時也要從對方口中得一些承諾）。

過去哈佛學者用這七要素做為準備談判的輔助，比如「關係」一項，討論的是談判之前的關係好壞（關係是談判的助力還是阻力？），以及談判之後想要維持的關係。「正當性」一項，則是哈佛最標榜的原則談判法（Principled negotiation），用客觀原則、標準或數字，支撐我們的要求，這就是正當性。

他們也用這七要素做為談判之後評估自我表現的標準。比如「關係」，我們保住了想要保住的關係嗎？又比如「方案」，我們準備了幾個方案嗎？當對方提出方案時，我們有保持開放態度嗎？還有「最佳替代方案」，我們最後得到的協議，是否比替代方案要好？

（如果比替代方案還差，那根本就不必談了）

在這本書中，作者又為這七個元素注入情緒了生命。比如「承諾」，過去只討論是否拿了一些承諾下桌？現在則多一個面向：情緒問題是否讓我們提出了不切實際的承諾要求？或者，情緒問題是否讓他們撤回了原來可以給的承諾？加了情緒面向之後，原本冷冰冰的左腦思考，被賦予了溫度，加入了人性的面向，讓談判更豐富也更貼近真實。這是本書最大的價值。

所有想從理性之外，一窺談判另一面向的人，都應該讀這本書。

（作者為東吳大學政治系教授）

# 善用情緒，洞察欲念，站穩談判的第一步

蘇益賢

提到談判，大眾所想的多半是務實、理性、邏輯、說理的直球對決。不過，諸多實例卻告訴我們，最終影響談判結果的，很可能是其他像背景一樣，難以直接捉摸的元素，好比本書討論的「情緒與欲念」。

愈來愈多領域體認到情緒的影響力。好比，行為經濟學研究發現，人類不如我們所想的那麼理性。背後讓人們不理性的重要動力，一部分確實得歸因於我們是有著七情六欲的生物。

若以心理學角度「解構」談判，我們能發現談判即是「理解彼此需求，企圖達成雙贏」的歷程。因此，對於人類本身的基本需求與欲求了解是否足夠，也將影響談判的結果。

情緒與欲求互相影響著，我們可將情緒視為「欲求儀表板」。它是我們在應對外在變化時，非常敏銳的氣壓計。甚至，在我們還沒意識到情緒之前，就已經開始替我們做些什麼了。當這麼一個有力的元素在談判過程被忽略時，後果可想而知。

簡言之，情緒可以誤了談判，也可以是扭轉談判結果的關鍵。但可惜的是，在現代社會裡，情緒顯然是一項效果被輕忽的工具。

把情緒納入考量的談判，必定也是一次深具同理心的交流。這種完整的同理心，務實地知悉彼此立場，更不忘感同身受地理解雙方欲求。當對方的欲求能被看見、重視與滿足時，我方的需求更可能被同等對待。

本書架構明確，除了帶領讀者探究情緒與欲求之外，兩位不同背景專家分享的案例，更極具說服力地告訴你我，千萬別輕忽情緒在談判過程的影響力。

讀完本書後，我們也能翻轉原本對情緒的成見（如：情緒只是徒增困擾、帶來混亂、情緒只會誤事……），放下「好壞」的標籤，重新思考情緒的用處。這種思考脈絡，其實更符合近代心理學對情緒的看法：情緒本身沒有好壞，就看我們怎麼使用它。

雖然我們未必如作者一樣以談判為業，但其實你我生活裡，從女兒為什麼還不起床、加班幾點可以離開、下次換誰掃廁所……談判無所不在。

掌握足夠的談判概念，生活裡將有更多「如願」。

若能同時善用情緒的力量，洞察彼此的欲求，或許未必皆能無往不利，但相信更有機會讓許多期待水到渠成。

（本文作者為初色心理治療所臨床心理師。專長為成人與青少年心理治療、職場心理學與員工協助、正向心理學、接納與承諾治療）

# 理清情緒後的溝通，才是完美談判

林靜如（律師娘）

我一直認為，人人都應該學談判術。

一般人可能認為，談判是在某些專業的場合才會使用到，例如：法庭、政治、商業合作。但其實不然，談判也是一種溝通的延伸，因此我們在日常溝通時，很多時候都可以融入活用談判技巧，大至商業工作，小至夫妻溝通、小孩教養。

跟著阿富律師一起經營事務所，多年來我們所內辦理離婚的夫妻，沒有千對也有百對，曾經相愛到互換結婚誓約的兩人，勞燕分飛時換得只剩各自所需的條件，起初再美好的愛情，在走到分離的岔路時，最常讓雙方爭執的部分，不外乎是金錢及孩子的監護權，如何在離婚協議書上簽下有利於己且又雙方都滿意的條件，在協商的過程中，往往需要很大的努力，而此時律師事務所則經常成為雙方溝通的橋樑，律師在與對方溝通想法時，每通電話、每次會面，其實都是一場談判！

幾年前，有個案例非常有趣，一對夫妻前來我們事務所，希望可以在此簽訂離婚協議書。我常觀察走進事務所的客戶是什麼樣子，而這對夫妻他們在等待律師時，彷彿覺得彼此的存在面目可憎。這其實是許多離婚夫妻的樣態，所以我依舊依照流程，詢問他們二人各自所希望的條件。在這個步驟，常常都是煙硝味最濃厚的時候，有的夫妻會談到聲淚俱下，有的則是互相飆罵，好幾次我都擔心事務所會成為命案現場。這案例中的夫妻，就是屬於後者，為了避免更大的衝突，律師通常會在此時將二人各自帶開，讓彼此在冷靜的情緒下溝通。這對夫妻靜下心後，分別跟律師闡述想離婚的原因以及希望的條件。最後律師再次與夫妻一起面談、溝通，此時，之前袒露的原因與期望，竟然讓雙方了解彼此真實的情緒及想法，進而和好願意再為這段婚姻努力了。雖然我們少了一個客戶，但看著他們倆人手牽著手步出事務所，繼續走回原本婚姻的軌道，我也真心為他們感到幸運！

原來情緒就像烏雲一樣會遮蔽許多內心真實的想法，只要把烏雲撥開，就可以看清天空真正的顏色，如果你覺得自己在溝通時經常受到情緒的影響，那麼你更應看看此書，因為此書就像是本教戰手冊，教你如何駕馭情緒、完美談判！

（本文作者為知名作者、專欄作家，經營擁有二十八萬以上【律師娘講悄悄話】粉絲團）

# 尋找情緒的解決方案

我們無法擺脫情緒，正如我們無法摒除雜念。難就難在，懂得如何激發對手以及自己的有益情緒談。

談判是每個人生活中的家常便飯，不論關於上哪兒吃晚餐、付多少錢買一輛二手自行車或者何時開除一名員工。而且你時時刻刻都有情緒，可能是喜悅或滿足這類正面情緒，也可能是憤怒、挫折或內疚等負面情緒。

如此一來，和他人談判時，應該如何處理對方和自己的種種情緒？就算你再努力忽略情緒，也擺脫不了情緒的干擾。情緒有可能分散注意力、引發痛苦，或導致協議破局，也可能讓你無法集中心力對付眼前亟需解決的重要議題。然而，在正式或非正式的談判過程中，有太多事情需要思考，無暇研究你和其他人的每一種情緒，並找出相應的處理方法。你很難管理正在對你產生影響的情緒。

《哈佛法學院的情緒談判課》提供了解決這個問題的方法。你將學會如何運用策略激發正面情緒、應付負面情緒，不再受制於自己和他人的情感。你將以更自在、更有效的方式談判。這項策略強而有力，足以應付最棘手的談判：無論對方是難搞的同事、強硬的議價者，或是你的另一半。

由於《哈佛法學院的情緒談判課》是一本關於情緒的書，我們（羅傑和丹尼爾）在寫作時加入一些個人色彩，涵蓋從個人生活及多年專業經驗汲取的案例。我們倆涉足談判領域多年，各自發展了談判理論，並且培訓過各行各業的人員，從中東談判家到一般夫妻、從企業主管到普通大學生，不一而足。

這本書是我們個人學習與研究的產物，建立在羅傑與他人合著的《哈佛這樣教談判力》（*Getting to Yes: Negotiating Agreement Without Giving In*）之上，如今廣受運用的利益導向談判法（interest-based negotiation），便是以該書為理論基礎。這項談判法認為，要取得最佳談判結果，談判人員必須理解彼此的訴求，攜手合作，竭盡所能達成滿足雙方利益的協議。（詳見第二七九頁的「談判七要素」）許多人表示，儘管《哈佛這樣教談判力》的建議非常實用，在面對最棘手的談判時，應如何處理情緒與人際關係等議題，並未多加著墨。我們試圖在本書深入探討這些問題。

我們倆是由已故的傑洛姆．法蘭克（Jerome D. Frank）教授介紹認識。如果沒有他，這本書不可能存在。他靠直覺認為，「對心理學有興趣的談判專家」和「對談判有興趣的心理學家」之間，或許可以產生綜效，彼此相輔相成。他是對的，我們為此心懷感激。

過去五年來，我們為了這本書共同努力，寫作過程遠比預期的更長，部分原因是我們非常享受聚在一起討論、相互學習成長的時光。如今，我們對談判情緒的理解，已遠遠超過幾年前各自掌握的知識總和。

我們期望透過本書，跟讀者分享這些概念帶來的種種激情與喜悅。

第一部

# 認識情緒

第1章

# 情緒強而有力，無所不在又難以掌控

潛在顧客在簽約前夕威脅撤回協議。先前賣給你一輛全新汽車的經銷商說，引擎問題不在他們的保固範圍內。嚴寒的二月早晨，你的十一歲女兒表明她不要穿外套上學。在這些時刻，當你的血壓飆升、焦慮悄悄爬進心底，有關如何談判的理性建議似乎全派不上用場。雖然你希望保持正面、理智，卻很可能脫口說出這樣的話：

「別這樣對我。如果你撤回協議，我會丟掉飯碗。」

「你們開黑店啊？修好引擎，否則我們法庭上見。」

「小姐，不管你高不高興都得穿外套。現在立刻穿上！」

或許，你當下沒有表露情緒，卻因此整天悶悶不樂，做什麼都沒勁。如果上司要求你週末加班，完成他沒做完的工作，你是不是會答應，然後整個週末怒火中燒，滿腦子想著辭職？不論是否將情緒表達出來，都會受情緒左右。你的行為可能導致協議破局、傷害彼此的關係或對你造成重大損失。

談判不僅需要動腦，也需要用心（理性和情緒都包含在內）。本書提供有關管理情緒的建議。人類不是電腦，談判絕不僅止於理性陳辭。除了實質利益之外，你也是談判過程的一部分。你的情緒也在其中，無可避免，對方的情緒也一樣。

## 情緒是什麼？

心理學家法兒（Fehr）與羅素（Russell）曾說，「每個人都知道情緒是什麼，不過，一旦要求給出定義，卻好像沒有人說得明白。」做為術語，情緒指的是一種感受經驗。情緒靠感受，不能光靠思考。當某個人的言論或行為對你產生了切身意義，你的情緒會予以回應，並且通常伴隨相關的念頭、生理變化，以及想做出什麼事情的欲望。如果一位年輕同事叫你做會議紀錄，你可能會氣憤地想，「他是個什麼東西，憑什麼對我指手畫腳？」你的血壓飆高，引發各種生理變化，甚至萌生罵人的衝動。

情緒可以是正面的，也可以是負面的。正面情緒會振奮人心。不論自豪、希望或寬慰，正面情緒總讓人感到愉悅。談判過程中，正面情緒可以幫助雙方建立友好關係，增進親善與理解，感覺彼此「頻率相同」。相反地，憤怒、挫折和其他負面情緒則令人苦惱，不利於建立和諧關係。[1]

本書的焦點，在於如何運用正面情緒幫助你達成明智的協議。這一章，我們將描述在處理自己和對方的情緒時可能遇到的重大障礙。後續章節則提供實用的策略，幫助你克服這些阻礙。這套方法並不要求你把內心最深處的情緒全掏出來，也不要求你操縱別人的情緒。相反地，策略提供處理情緒的實用方法，讓你可以立刻運用。

## 情緒可以是談判的絆腳石

沒有人不被情緒影響。情緒可能毀掉雙方達成明智協議的機會，可能將原本和睦的關係變成兩敗俱傷的長期鬥爭，也可能讓公平解決的希望為之破滅。究竟什麼原因讓情緒如此令人苦惱？

**情緒讓人無法集中注意力處理實質議題**。如果你或對方開始心浮氣躁，雙方都得應付

1 就一般談判策略而言，正面情緒比負面情緒更能促進友好與合作。然而在戰術上，就連憤怒之類的負面情緒都可能幫助雙方澄清誤會、言歸於好。無可否認，有時當人們共同承受哀傷、分擔痛苦，這類負面情緒也能將人們凝聚在一起。

情緒帶來的困擾。你是否應該氣沖沖地奪門而出？開口道歉？還是靜靜坐著生悶氣？你開始花心思琢磨如何保護自己或攻擊對方，不再全心全意追求令人滿意的協議。

**情緒會傷害關係**。不可遏制的情緒或許適用於墜入愛河的戀人，但在談判過程中，情緒的大幅波動可能導致你出現不智之舉。強烈的情緒會蒙蔽思考能力，讓你做出危及彼此關係的事。生氣的時候，你可能打斷同事的長篇大論，而他正打算提出雙方都能接受的協議。他可能因此懷恨在心，在你下次需要支援時，袖手旁觀報復你。

**情緒容易讓對方抓住你的弱點**。如果你被談判對手的提議嚇倒，或在表達自己的訴求時支支吾吾，這些明顯的反應都會讓對手看出端倪，暴露出你「真正」的顧慮與弱點。有心人可以透過情緒反應，得知你有多在乎這些提案、議題以及你們之間的關係。他們或許會利用這些情報來對付你。

如果這些都是情緒可能導致的結果，不難想像人們為何經常建議談判人員徹底撇開情緒。

## 情緒也可以是寶貴資產

雖然情緒經常被視為談判的絆腳石，也確實如此，但同樣可以成為寶貴的資產。情緒可以幫助我們達到談判的目的，不論是尋找有創意的方法來滿足雙方利益，或者改善一段岌岌可危的關係。

在以色列與埃及兩國的歷史性和平會談期間[2]，當時的美國總統卡特（Jimmy Carter）充分發揮了情緒的力量。他邀請時任以色列總理比金（Menachim Begin）和埃及總統沙達特（Anwar Saddat）共赴大衛營，目的是協調兩國領袖達成和平協議。歷經漫長的十三天後，協商瀕臨破局，以色列人民看不見達成協議的一絲曙光。

到了此時，卡特總統已對和平會談投入大量時間與精力。他大可顯露洩氣，甚至威脅比金接受他的最新提案，「否則後果自負」。但是，敵對的態度很可能導致比金徹底放棄協商，而且恐有危及兩國領袖私交之虞。

相反地，卡特選擇動之以情，做出一件令比金大受感動的事。比金曾要求帶回卡特、沙達特和他自己的簽名合照，送給孫兒孫女當禮物。卡特提前在每張照片各別寫上比金孫輩的名字，做為每個孩子專屬的禮物。會談陷入僵局時，卡特把照片交到比金手上。當看到孫女的名字赫然出現在第一張照片上時，比金不由得喊出她的名字，雙唇

2 以色列自一九四八年建國後，與埃及發生各種軍事衝突，在一九六七年「六日戰爭」、一九七三年「贖罪日戰爭」後，緊張關係達到頂點。埃及希望以色列歸還一九六七年「六日戰爭」所占領地，其中包括埃及的西奈半島。

微微發顫。他翻看這疊照片，逐一唸出每位孫兒孫女的名字。他和卡特低聲聊起這些孩子和戰爭問題。這是整場會談的轉捩點。當天稍晚，比金、沙達特和卡特共同簽署了《大衛營協議》（*Camp David Accord*）。

倘若卡特和比金交惡，就不可能出現如此開誠布公的交流。比金把自己的難處告訴卡特，既不抱持排斥心態，也沒有拂袖而去。正面情緒為不具恐嚇意味的對談設立基調，讓雙方得以化解重大分歧。

這樣的基調絕不可能「從天而降」，得靠真心誠意的努力才會出現。早在這場會談的一年多前、雙方首度會晤時，卡特和比金就建立起深厚的友誼。當時，卡特私下邀請比金總理前來白宮，推心置腹暢談中東的衝突情勢。幾個月後，卡特及其夫人邀請比金伉儷參加一場私人晚宴。席間，他們聊起各自的生活經歷，包括比金的父母以及他唯一的兄弟如何在猶太人大屠殺中不幸遇難。大衛營會談期間，卡特展現了關照各方利益的用心。例如，比金與沙達特初次在大衛營會面之前，卡特曾提醒比金，沙達特有可能提出咄咄逼人的方案，希望比金不要過度反應。

卡特不希望談判破局，比金和沙達特也是如此，「共贏」對所有人都有好處。卡特與兩位領袖之間的正面情緒，讓會談得以繼續推進。

不論國際協商或日常談判，正面情緒都扮演至關重要的角色，其益處來自三大方面：

**正面情緒有助於實現實質性利益**。正面情緒可以讓雙方減少憂慮與猜忌，讓彼此的關係從敵對化為合作。當雙方並肩解決問題，兩邊都可以放下防備，嘗試新的構想，不必擔心被人占便宜。

正面情緒會讓人做起事來更有幹勁。雙方攜手合作並投入更多情感，工作也變得更有效率。彼此敞開心胸聆聽並理解對方的訴求，盡可能實現皆大歡喜的結果。如此一來，達成的協議更有機會維持長期穩定。

**正面情緒有助於促進關係**。正面情緒能提供人際互動帶來內在喜悅。你可以享受談判過程，並從友善的氛圍得到益處。你可以自在地發言，不必擔心遭受人身攻擊與排擠。

友善的氛圍也是一張安全網，可以放心發表反對意見，心知就算情勢變得緊張，雙方明天仍會坐下來一起解決問題。

**正面情緒不盡然會提高你受壓榨的風險**。雖然正面情緒有助於達成雙方皆滿意的協議，但其中也存在危險。你也許太過放鬆，以至於做出不智的退讓或變得太大意。我們不是建議壓抑正面情緒，而是希望在制定決策之前，再度徵詢你的理智與情感。簽署協議前，先確認這份協議是否滿足了你的訴求、是否對雙方都公平合理。設法事先查明各方在談判破局後的替代方案，並明智地使用這份情報。

## 表一 情緒的常見效應

| 談判要素 | 負面情緒容易助長： | 正面情緒容易助長： |
| --- | --- | --- |
| 關係 | • 充滿猜忌的緊張關係 | • 合作的工作關係 |
| 溝通 | • 有限且衝突的溝通 | • 開放且輕鬆的雙向溝通 |
| 利益 | • 忽略真正的利益<br>• 堅持某項極端訴求<br>• 頑固拒絕讓步 | • 聆聽並理解彼此的顧慮與欲望 |
| 選擇方案 | • 二選一：我們的立場或他們的<br>• 不相信有雙贏的選項 | • 創造能兼顧雙方部分訴求的多種可能選項<br>• 相信只要透過努力，就能創造出互惠互利的方案 |
| 公平合理性（正當性） | • 一場關於為何我對你錯的意志戰爭<br>• 擔心被對方「占便宜」 | • 按照雙方都信服的標準，判斷為何某個選項比其他選項公平<br>• 感到公平 |
| 最佳替代方案 | • 即便協議內容勝過我方最佳替代方案，仍拒絕接受協議 | • 只要協議內容勝過我方替代方案，便全力爭取最佳結果 |
| 承諾 | • 沒有共識，或是只達成不明確或不可行的協議<br>• 後悔接受（或不接受）協議 | • 明確定義雙方義務，內容清晰、可行且實際<br>• 對協議感到滿意，並予以支持及擁護 |

上一頁表一對比了正面與負面情緒對談判的影響。這張表呈現情緒對談判七要素的影響，我們也會在第二七九頁詳盡描述這七大要素。

## 處理情緒的三種「無效」方法

雖然知道情緒可以破壞或幫助談判，我們仍就不懂如何處理情緒。如何獲取情緒帶來的好處？人們有時會建議談判人員：不要產生情緒、忽略情緒的存在，或直接面對情緒。但是這三種建議都行不通。

### ▼不要產生情緒？你辦不到

人無法停止產生情緒，正如無法停止產生念頭。你無時無刻都感受到某種程度的快樂或憂傷、熱情或失落、孤立或投入、痛苦或喜悅。你無法隨心所欲像開關一樣，開啟或關掉情緒。

以「蜜雪兒」的經驗為例。她獲聘到一家大型製藥公司的研究部門工作。一開始，她很滿意自己的薪水，直到發現另外兩名新進人員的起薪比她更高。她既難過又不解。在她看來，自己的條件遠遠勝過另外兩人。

蜜雪兒決定要求加薪。我們問起她的談判策略時，她說：「我打算『理性』談判，不會在對話中摻雜情緒。我只想『談談數字』。」她試圖說服公司主管，如果同等級的其他員工拿到更高薪水，她理應享有類似的待遇。這確實是個好的、有原則的做法。遺憾的是，談判並不順利。她原以爲自己有能力控制情緒，然而談判過程中，卻無法擺脫情緒的干擾。

蜜雪兒回憶：「我的語氣比平常尖銳。我不想那樣，但事實就是如此。跟另外兩位新人相比，公司竟然付給我比較低的薪水，這讓我很難過。公司談判人員把我的陳述視爲『要求』。當談判人員表示絕不會因爲受到脅迫而給任何人加薪，更別提剛進公司的菜鳥時，我非常驚訝。我沒打算強迫他加薪，不過我就是沒辦法照原本的計畫關掉情緒。」

在大多數情況下，就算談判者有能力關掉情緒，這麼做也實屬不智。切斷情緒之後，工作的難度可能有增無減。情緒可以傳遞訊息，讓你得知各項顧慮的輕重緩急，專注於最在乎的事，例如尊重與工作保障。你也可以得知對方在意哪些層面。如果對方眉飛色舞地談論某個訴求，你可以假設這項訴求很重要。與其花好幾天試圖理解對方的利益與優先順序，你可以藉由觀察情緒來節省時間與精力。

## ▼忽略情緒的存在？行不通的

忽略情緒無異是自冒風險。情緒無所不在，而且往往對你的經驗產生影響。你可以試著忽略情緒，但是情緒不會放過你。談判過程中，還是能隱約察覺情緒對你的身體、思維及行為產生的各種重大影響。

**情緒影響身體**。情緒直接影響生理狀況，導致冒汗、臉紅、發笑或心慌意亂。當感受到某種情緒時，你或許會努力克制表情，試著不洩漏自己的情緒。也許你按捺住興奮的微笑或失望的吶喊，但生理還是會出現變化。況且，壓抑情緒得付出代價。被壓抑的情緒會持續影響你的身體。不論產生的是正面或負面情緒，內在壓力都會分散你的注意力，讓你更難專注於實質性議題。

**情緒影響思維**。當你感到失望或憤怒，腦子裡會塞滿各種負面思維，忙著批評自己或怪罪他人。你的大腦被負面思維占據，沒有餘裕去學習、思考和記憶。事實上，某些談判者會完全陷在負面情緒與思維中，以至於沒聽見對方做出的重大讓步。

相反地，當你感受正面情緒，你的思維往往專注於尋找自己、對方或構想的優點。由於不擔心被壓榨，思維變得更開放、更有創意、更靈活，不再排斥他人的想法，並且更樂於創造可行的方案。

**情緒影響行為**。幾乎每一種情緒都能刺激你採取某種行動。歡欣鼓舞時，你或許會忍不住擁抱對方。相反地，憤怒的時候，你或許有揍人的衝動。

通常你有足夠理智阻止自己做出會後悔的事。然而，當被強烈的情緒沖昏頭，可能對自己的情緒束手無策。這時，你審查念頭與行動的能力大為受損，進而出現讓自己悔不當初的言論或行為。

## ▼直接面對情緒？談何容易

常有人建議談判者，注意觀察自己及對方的種種情緒，並且直接面對情緒。對某些人而言，管理情緒是與生俱來的天賦，但絕大多數人必須靠後天練習來提高這項能力。舉例來說，如果一名談判人員動輒發怒，他或她就必須學習有用的技巧來察覺並管理怒氣。

然而，事發當下直接面對自己和對方的每一種情緒，是一項異常艱鉅的任務，即便訓練有素的心理學家或心理治療師也很難做到。更何況，在談判過程中，還需要費神思考雙方對重大議題及合作模式的歧見。那感覺就像一邊騎腳踏車，一邊還得騰出手玩雜耍、講電話。

事發當下直接處理種種情緒的做法會讓人手忙腳亂。必須一邊談判一邊尋找蛛絲馬跡，試著分析自己和對方的各種情緒。你在冒汗嗎？他們雙手抱胸嗎？必須臆測自己及對方當下感受到哪些特定情緒。請瀏覽下一頁表二的情緒詞彙，想想看，光讀完這張表就得

## 表二 情緒詞彙

| 正面情緒 | | 負面情緒 | |
|---|---|---|---|
| • 興奮 | • 樂不可支 | • 內疚 | • 火冒三丈 |
| • 歡喜 | • 歡欣鼓舞 | • 羞愧 | • 勃然大怒 |
| • 被逗樂 | • 如釋重負 | • 丟臉 | • 忌憚 |
| • 熱情 | • 欣慰 | • 困窘 | • 憂心 |
| • 興致勃勃 | • 心滿意足 | • 懊悔 | • 吃驚 |
| • 快活 | • 放鬆 | • 羨慕 | • 害怕 |
| • 開心 | • 不著急 | • 嫉妒 | • 慌張 |
| • 狂喜 | • 寧靜 | • 厭惡 | • 惶惶不安 |
| • 自豪 | • 鎮定 | • 憤慨 | • 哀傷 |
| • 感激 | • 滿懷希望 | • 不屑 | • 絕望 |
| • 快樂 | • 肅然起敬 | • 不耐煩 | • 苦惱 |
| • 興高采烈 | • 驚奇 | • 惱怒 | • 灰心喪氣 |
| • 激動不已 | | • 氣憤 | |

花多長時間，更別提正確指認你和對方感受到的是哪一種情緒了。你必須做出有根據的猜測，推斷情緒背後的原因，而這些原因可能錯綜複雜且含糊不清。對方是因為你說的話而不開心嗎？還是因為早上跟家人吵了一架？

你必須決定相應之道，然後依此行動，再觀察這樣的因應方式對自己和對方的情緒產生怎樣的影響。假如引發強烈的負面情緒，雙方的情緒很可能迅速升溫。

情緒通常具有感染力。就算你已經甩開沮喪、變得積極進取，對方很可能還在反應你幾分鐘前展現的憤慨。尤其負面情緒影響持久。情緒愈強烈、愈引人不快，雙方失去自制力的風險就愈高。

這就引來了本書所探討的問題：談判

者應該如何應付雙方互相影響、重要且持續變化的情緒？鑒於當下觀察、理解並直面情緒是種不切實際的期待，我們是否只需盡己所能去反應就好？

## 另一種選擇：專注於核心欲念（core concerns）

本書為談判者，也就是每一個人，提供一個強大的概念體系，幫助你學會處理情緒。不論是否承認情緒的存在，情緒一定會對你的談判造成影響。正如後面各章所述，你可以不必理會時刻變化的諸多情緒，而是將注意力轉向引發許多情緒（甚至絕大多數情緒）的五大核心欲念。談判過程中，許多情緒反應都圍繞這些核心欲念打轉。你將學會激發正面情緒，克服負面情緒，而不是在情緒面前感到無能為力。

第2章

# 設法滿足欲念，而不是處理情緒

與其在自己和對方的種種情緒中糾纏，不如集中注意力找出這些情緒的背後根源，對症下藥。

所謂核心欲念，指的是人性的某些渴望，這種渴望對每位談判者都很重要，少有例外。雖然沒被點明，卻跟我們的具體訴求同樣真實，毫不遜色。然而，就連經驗豐富的談判者，也未必意識到核心欲念如何影響他們的決策。

核心欲念提供了一個強大的情緒策略，幫助你處理情緒，不被情緒擊垮。本章將概略說明如何使用這套方法。

## 許多情緒源於五大核心欲念

談判過程中出現的許多情緒，姑且不論好壞，都源於五項核心欲念。這些核心欲念分別是**賞識**、**親和感**、**自主權**、**地位**與**角色**。

只要妥善處理這些核心欲念，就能喚起自己和對方的正面情緒。由於每個人都擁有這些欲念，你可以立即運用它們來產生正面情緒，即便和對方初次見面也不例外。你不必費心觀察、診斷和標明雙方的種種情緒變化，就能享受正面情緒帶來的好處。

毫無疑問，飢餓、口渴、睡眠不足或身體疼痛都可能激發強烈感受，但核心欲念的焦點，在於你與他人之間的關係。如下一頁表三所示，每一項核心欲念都涉及和對方相較之下，你如何看待自己，或者相對於你，對方如何看待自己。

這五項核心欲念並非涇渭分明、互不相干，而是彼此糾纏、混合與交融。不過，每一項核心欲念對情緒的刺激都有獨特之處。比起單獨的作用，這些核心欲念結合起來更能充分描述談判時的情緒內涵。好比莫札特「木管五重奏」（*Wind quintet*）中的鋼琴、雙簧管、單簧管、低音管和法國號。五種樂器的樂音沒有明顯界線，但合在一起時，比任何一項樂器的獨奏更能呈現樂曲的曲調與節奏。

我們希望這五大核心欲念能得到適當的滿足，但切勿過與不及。有三項標準可以評估欲念是否受到妥善對待。在每一項核心欲念上，別人對待我們的方式是否讓我們覺得：

• 公平？公平是一種普世價值，符合了風俗、法律、組織規範與社會期待。在相似或具有可比性的情況下，我們期待自己受到和其他人相等的待遇。

• 誠實？誠實對待指的是聽到的話句句屬實。我們不見得有權利知道一切，但我們不願意被騙。當對方以誠相待，就表示他們無意欺騙或唬弄我們。他們傳達的是真實感受與實際掌握的情形。

• 符合當前狀況？若要求每一項需求在每一種狀況下都獲得滿足，或許不合理。處理日常瑣事和面對危機時，我們的行為規範必然會出現改變。所謂的妥善對待，往往視行為規範的改變而有所不同。

## 表三／五大核心欲念

| 核心欲念 | 何時感受到欲念被忽略 | 何時感覺欲念得到滿足 |
|---|---|---|
| 賞識 | 你的想法、感受與行動受到貶抑 | 你的想法、感受與行動的價值得到他人認可 |
| 親和感 | 他人把你視為敵手，跟你保持距離 | 他人把你視為工作夥伴 |
| 自主權 | 你做決定的自由受到侵犯 | 他人尊重你決定重大事項的自主權 |
| 地位 | 你的相對地位低於他人 | 你應得的地位獲得充分認可 |
| 角色 | 目前的角色與任務無法為你帶來滿足感 | 以自己感到滿足的方式定義你的角色與任務 |

核心欲念受到忽略或滿足，二者之間的感受就像把鼻子沉入水中與置於空氣中。舉例而言，如果不被賞識或受到排擠，你可能覺得快要溺斃無法呼吸、孤單、被忽略。你的情緒起了反應，很可能出現敵對行為。另一方面，如果你受到賞識或廣結人緣，就彷彿把頭抬在水面上。你可以輕鬆呼吸、左顧右盼，自由決定要做什麼或往哪裡去。你的正面情緒湧現，因而變得更樂於合作，思維更有創意，也更值得信任（詳見下一頁表四）。

## 把核心欲念當成放大鏡和槓桿

核心欲念的力量，源自於它們既可以做為放大鏡，理解各方的情緒經驗，也可以做為槓桿，當成激發自己與他人正面情緒的施力點。

### ▼做為洞悉局勢的放大鏡

核心欲念可以發揮放大鏡功能，幫助你準備、執行並回顧談判過程中的情緒層面。

**準備談判**。你可以對照各項核心欲念，找出自己和對方的敏感層面。關於對方的地位，你有沒有說過哪些話可能傷害他們情感？你擅自修改現行提案時，沒有事先諮詢對方資深談判人員的意見，她會不會覺得自主權遭到侵犯？如果團隊成員一起相約吃午飯卻沒邀請你，你會不會覺得受到排擠？

## 表四之一 核心欲念所引發的風險與正向力量

| 核心欲念未被滿足： | 觸發的情緒讓我覺得： | | 這種情況下，我往往會： |
|---|---|---|---|
| • 我不被賞識……<br>• 我被視為敵手……<br>• 我的自主權遭到侵犯……<br>• 我的地位被貶低……<br>• 我的角色變得無足輕重並受到限制…… | **生氣！**<br>• 怒不可遏<br>• 火冒三丈<br>• 憤慨<br>• 惱怒<br>• 厭煩<br>• 憎恨<br>• 懷惡意<br>• 不耐煩<br><br>**焦慮**<br>• 後悔<br>• 害怕<br>• 緊張<br>• 憂慮<br>• 驚恐 | **厭惡**<br>• 憎惡<br>• 噁心<br>• 忿恨<br>• 鄙視<br><br>**內疚與羞愧**<br>• 悔恨<br>• 丟臉<br>• 困窘<br><br>**哀傷**<br>• 苦悶<br>• 絕望<br>• 陰鬱<br>• 灰心喪志<br>• 麻木<br><br>**羨慕與嫉妒** | • 出現有違己方利益的負面行為<br>• 選擇「單打獨鬥」<br>• 思維能力僵化<br>• 弄虛做假，被視為不可信任 |

| 核心欲念獲得滿足： | 觸發的情緒讓我覺得： | | 這種情況下，我往往會： |
|---|---|---|---|
| • 我受到賞識……<br>• 我被視為夥伴……<br>• 我的決策自主權受到尊重……<br>• 我應得的地位獲得認可……<br>• 我的角色讓我感到滿足（例：工作內容讓我相信自己能做出貢獻）…… | **充滿熱情！**<br>• 興致勃勃<br>• 歡躍<br>• 愉快<br>• 狂喜<br><br>**快樂**<br>• 滿足<br>• 滿意<br>• 快活<br>• 欣慰<br>• 開心 | **充滿感情**<br>• 鍾愛<br>• 關心<br>• 體恤<br><br>**自豪**<br>• 有成就感<br>• 勇氣十足<br><br>**平靜**<br>• 如釋重負<br>• 放鬆<br><br>**充滿希望** | • 樂於配合<br>• 選擇團隊合作<br>• 富有創意<br>• 值得信任 |

**執行談判**。一旦意識到核心欲念，你就能洞悉觸發某種行為的背後原因。舉例而言，你察覺對方團隊的負責人為了這項協議花了數星期爭取內部支持，而他卻覺得自己的努力未受肯定。得知這一點後，你可以修正自己的行動來滿足他的欲念。

認清自己的核心欲念，可以大幅消弭情緒升溫造成的衝動。如果對方說的話踩到你的地雷，你可以克制自己避免行為失控。不要因遭受攻擊而激烈回應，這時不妨深呼吸，問問自己是哪一個核心欲念被觸動了。談判對手是否侵犯了你的自主權？是否貶低了你的地位？

**檢討談判過程**。反省會議過程時，你可以對照五大核心欲念，剖析與會人士的情緒變化。如果同事怒氣沖沖離席導致討論戛然而止，你不妨花點時間逐條思索五大核心欲念，釐清引爆對方怒火的原因。你可以運用這項資訊解決問題，或防止情況再度發生。如果會議過程出奇順利，也可以透過核心欲念理解哪些因素奏效，列出一張清單，打造專屬自己的最佳模式。

## ▼做為改善情況的槓桿

不論是否了解一個人當下的感受及其背後原因，每一項核心欲念都可做為激發正面情緒的槓桿。比起辨別已被激發的負面情緒並設法找出解決之道，這樣的做法更為簡單。你可以靠言語和行為滿足某一項核心欲念，調整談判者的地位、親和感、自主權、受賞識感和角色，正面情緒將隨之而生。

你也可以運用核心欲念將自己的情緒引至正面方向。或許可以提醒自己，你擁有接受或拒絕和對方達成協議的自主權，藉此降低制定重大決策的壓力。或者，可以跟他人分享相關領域的知識，藉此提高自己的地位。

至於為什麼要積極滿足核心欲念，主要的原因，就是設法避免欲念未滿足而引發強烈負面情緒。（呼吸帶來喜悅，完全無法跟溺水造成的痛苦相提並論。）

## 小結

核心欲念指的是人性的某些渴望，對每一位談判者都很重要，幾乎沒有例外。與其直接處理造成你和對方影響的各種情緒變化，你可以將注意力轉向五大核心欲念：賞識、親和感、自主權、地位和角色。你可以把欲念當做槓桿，激發你和對方的正面情緒。如果時間充裕，你也可以把欲念當成放大鏡，設法理解哪些欲念未獲得滿足，並依此修正你的行動。

核心欲念的策略很簡單，可以現學現用，即使面對複雜情況也足以應付。尤其當談判牽涉多方陣營與龐大利益、高風險時，更需要仰賴對五大核心欲念來深入理解。

接下來幾章將探討如何發揮各項核心欲念的力量，既可做為放大鏡來理解局勢，也可做為槓桿，改善談判成果。

第二部
# 主動回應情緒

# 不吝表達賞識：從他人的想法、感受或行動中發掘優點

許多年前，羅傑曾遠赴提比里西（Tbilisi，喬治亞首都），為南奧塞提亞人及喬治亞共和國政府（前蘇聯成員國）提供服務。行程最後一天，他決定逛街購物。走在城市的大街上，他看見一位木雕師傅正在騎樓下認真雕刻一個小托盤。攤子上擺了一些待售成品。羅傑駐足觀賞。他還記得兩人的互動：

在所有展示品中，我被木雕師傅正在製作的托盤深深吸引。於是我問：「這個托盤怎麼賣？」

「還沒做好呢，」他回答。

「什麼時候會完成？」我接著問，心裡有一絲不耐煩。

「過兩天。到時候你就能買了。」

「我現在就想買，就算還沒完成。假如我現在買沒做好的半成品，要多少錢？」（當然，我預期可以算便宜點。）

「現在不賣，」木雕師傅回答。

木雕師傅的草率答覆惹惱了我。我對他的手藝表示興趣，也願意購買還沒完工的作品，而他竟然一口回絕，根本懶得理我。我突然很想羞辱他的作品、羞辱他，或者乾脆一走了之。但是相反地，我先做個深呼吸。我明白自己感受到不被理解、不受尊重、被人瞧不起。

然後，我頓時領悟。木雕師傅或許也覺得自己不被理解。我的行爲表現說不定跟他半斤八兩。我沒有對他或他的觀點表達認可。我的感受很可能也正是他的感受。

「如果我現在賣這個托盤，」木雕師傅說，「價錢還得更高。」

「爲什麼？」我驚訝地問。

他轉身面對我，露出微笑說：「今天賣掉托盤，會剝奪我享受完成它的喜悅。」

這時我也笑了。「我今天早上就要離開提比里西。我很欣賞這個托盤，很欣賞你的作品。現在，我比之前更希望擁有這個托盤，用來紀念這位對自己作品引以為傲、且堅持對的做法而深感滿足的木雕師。」

他又笑了，不過沒說什麼。

「看在我不得不走的份上，」我問：「你願不願意幫一位陌生旅客的忙，讓我今天以原本的訂價，買下這個未完成的托盤？」

考慮一會兒後，他接受了我的提議。

## 賞識：是欲念也是一帖萬靈丹

如同羅傑和木雕師傅的體驗，備受賞識是種關鍵欲念，重要性存在於對受賞識者的影響。從企業執行長到幼稚園老師，從外交家到建築工人，人人都渴望被賞識。

表達賞識的效果簡單而直接。不受賞識的感覺很糟，但受到適當賞識的感覺卻很好。我們的自尊心升值了，正如股市上漲時價值水漲船高。我們更願意敞開心扉聆聽，也更樂於與他人合作。

「賞識」不只是一項核心欲念的標籤，也是一個動作。不只是名詞，更是動詞。賞識的附加價值在於，兼具核心欲念與策略行動的作用，因為真誠表達賞識通常是滿足對方另外幾項核心欲念的最佳方法。因此，賞識他人可以視為一帖快速有效的萬靈丹，幫助激發談判對手產生有益的情緒。

比起兩邊覺得不被另一方認可，雙方互相欣賞更可能達成明智的協議。事實上，不論對方是否對你的賞識投桃報李，幫助他們感受到被賞識，對你必有好處。他們往往會變得更放鬆、更願意合作。況且，藉由欣賞對方更可能換來對方對你的欣賞。

## 阻礙賞識的絆腳石

大多數談判過程中，有三大絆腳石會阻礙談判雙方互相欣賞。首先，我們可能疏於理解對方的觀點。我們自顧自陳述己方論點，卻沒有費心理解對方。別人說話時，我們滿腦子只想著自己要傳達的理念。由於缺乏真正的聆聽，雙方都覺得自己的想法不被理解。

其次，假如不同意對方的說法，我們可能吹毛求疵他們說什麼或做什麼。以為把對方踩在腳下是談判者的職責，因此只顧著尋找對方說辭的漏洞，沒看到對方的優點。然而，每個人都透過獨特的視角看世界，當我們眼中的世界不被認可，或被人不假思索打了回票，就會覺得自己受到踐踏。想想花了好幾星期籌畫提案，卻被對方批評得體無完膚，我們當然會心灰意冷或氣憤難平。

第三，我們可能吝於表達從對方的想法、感受和行動中看到的優點。如果耳中只聽到批評，我們會假設對方對我們的訊息及優點充耳不聞，雙方最後不是產生更激烈的爭辯，就是直接放棄談判。

## 表達賞識的三要素

表達賞識絕不只是一句簡單的謝謝。我們往往不懂得如何欣賞別人，所以需要改善以下三點：

- 設法理解彼此的觀點；
- 從彼此的想法、感受或行動中發掘優點；
- 透過言語和行動表達我們的理解與賞識。

### ▼理解對方觀點

要欣賞一個人，首要任務就是從那個人的角度看事情，體會他的感受。最主要的工具，就是你的聆聽與提問能力。

許多人認為，除非他們親口說出，否則你無法真正理解他們對事物的看法。很多時候確實如此，但你還是可以透過換位思考準確揣摩對方的想法。不過，即便你確實明白對方觀點，他們仍舊希望有人聽到。請做好聆聽的準備。

有許多積極的聆聽技巧可以幫助談判雙方增進理解，在此提出最值得注意的兩個技巧：

**除了聆聽字句，也要聆聽「旋律」**。理解的過程，不只限於聆聽對方實際說出的一字一句。聆聽者也必須從談話氛圍蒐集訊息，感受說話者的心情、個性和語氣，領略話語背後的來龍去脈。

就像光聽一首歌的歌詞是不夠的，你也希望聽到伴隨這些歌詞的背景旋律。正如隆隆的鼓聲，可以把深情的情歌變成充滿焦慮的戰鬥吶喊，說話的語氣也可以確認或推翻談判者說出的內容，好比一個人大吼著說：「我沒生氣！」

**聆聽「弦外之音」**。你有時會察覺對方話中有話。人們的話裡經常隱含這種模糊的言外之意。例如一場晚宴上，主人看著錶說：「今天真開心，我竟沒發現已經這麼晚了。」大多數客人都能立刻聽出主人送客的弦外之音。

弦外之音通常透露出一個人對正在討論的觀點，究竟採支持、反對或不置可否的態度。有一個簡單方法可以聽懂弦外之音，就是注意聽對方強調哪一個字。下面四句話看似一模一樣，但每句話的含意各有不同，括弧裡的內容是對訊息的可能解讀：

- **我**喜歡這份提案。（但是其他人不接受。）
- 我**喜歡**這份提案。（我強烈支持這個構想。）
- 我喜歡**這份**提案。（我喜歡這份提案勝過其他提案。）

### 表五／如何發掘優點

| 從以下層面尋找對方的可取之處： | 示範說詞 |
|---|---|
| 想法<br>• 邏輯與思維<br>• 觀點 | • 「我發現你的論點很有說服力。」<br>• 「雖然我不同意你的結論，但我覺得你的觀點很有價值。」 |
| 感受<br>• 情緒<br>• 核心欲念 | • 「我欽佩像你這樣以工作為傲的人。」<br>• 「你不想被排除在明天的會議之外，我覺得合情合理。」 |
| 行為<br>• 行動<br>• 努力 | • 「我很重視你在這裡所做的一切。」<br>• 「我很感激你擬了這份草案。」 |

我喜歡這份提案。（提案歸提案，我可沒答應簽約。）

切勿忽略模稜兩可或抗拒的態度。肢體語言傳達的訊息，可能跟人們實際說出來的話南轅北轍。留心弦外之音，你才能更深入理解對方的觀點。

### ▼從他人的想法、感受或行動中發掘優點

賞識的第二個要素是發掘優點，也就是從對方的想法、感受或行動中尋找價值。想想生活中的家務事即可略窺一二。不論打掃廚房、整理床鋪、修剪草皮或記住某個特殊日子，假如家人對我們的付出視而不見，或從未給予讚美，我們肯定會傷心失望。表五說明了我們如何從他人的想法、感受或行動中發掘優點並表達賞識。

**如果觀點相衝突，不妨從對方的思維邏輯**

**發掘優點**。就算你不贊成對方在某項議題上的立場，也能欣賞他們觀看世界的角度。驅策他們的，很可能是某種強烈的感受、堅定的信念或者某個具有說服力的論點。這裡以羅傑代表聯邦政府出庭美國最高法院的經歷說明：

在輪到羅傑發言反駁訴願人時，他走向庭前說：「訴願人的論點強而有力。事實上，我認爲比今天早晨律師在此陳述的論點更有力量。如果要我替訴願人陳情，我會補充下面這一點……。」

「費雪先生！」法蘭克福特大法官打斷他的話，「你是來爲政府辯護的！」

「的確，庭上，」羅傑說，「所以我希望稟明全體審判人員，我們不僅能夠反駁訴願人提出的論點，也能反駁我認爲訴願人可以提出的另一個好論點。無論如何，他們的訴願內容並非無足輕重，也絕非牽強附會。我認爲法院同意重新審理、判斷其中的是非曲直，是一個正確決定。這一點跟聯邦政府的立場一致。然而，儘管他們言之成理，基於以下理由，我們斷定他們違背法律，請容我一一陳述……。」

羅傑相信，由衷讚美對手論述中的優點，更能有效支持政府的立場，效果勝過一上庭就猛烈批評訴願人的主張荒唐可笑，根本不值得考慮。比起迴避對方的論述而自說自話，展現自己充分理解對方論點並予以正面反駁後，他的說詞可以產生更強大的效力。（政府最後打贏了這場官司。）

以這種方式表達賞識，也讓訴願人的律師相信政府聽到了他們說的話，而且他們的論點確實有價值。庭後，律師穿越審判室跟羅傑握手致意，謝謝他認真看待他們的主張。

要讚美對方的思辨能力，你必須確實看見其中的優點。誠懇很重要。唯有真心看重對方的觀點，才能讓他們感覺受到賞識。你必須表達自己理解他們為什麼會有這樣的感受、想法與行為。就算很難從他們的言行中發掘可取之處，也請努力尋找，試著體會他們的感受，想想或許是哪些欲念激發了這些情緒。

**當你強烈堅持反對意見時，試著以調停人的角色示人。**爭論的議題與你有重大切身關係時，最難從對方的觀點找到價值。用心聆聽對方見解的可取之處，能改變你的聆聽方式。

要做到這一點，不妨想像自己是公正無私的調停人。調停人的角色是設法理解爭論雙方的觀點，尋找其中價值，極力避免評判誰是誰非，設法看清雙方的立場各有什麼優點。

要採取調停人的視角，首先弄清楚對方的觀點有什麼個人意義。他們的看法背後有怎樣的信念與邏輯？你也許不同意他們的立場，但依然能從他們做出這項結論的邏輯過程與信念中找出優點。找到優點後，你就可以這麼說：

我理解〔你的觀點〕，也欣賞〔你的邏輯或信念〕。

舉例說明：主張女性有墮胎權的陣營領袖，試圖從反墮胎陣營領袖的觀點尋找優點。她或許無法認同「墮胎是違法行為」的立場，但可以從該立場背後的邏輯與信念找到價值。她可以這麼說：

我明白你相信生命始於胚胎。〔展現理解。〕在這樣的核心信念下，我可以看出你想要保護無辜胎兒的良好用心。〔顯示自己看到對方思維中的可取之處。〕

賞識不可以討價還價。事實上，假如我認可你的觀點，條件是你也得欣賞我，這樣的賞識就沒什麼價值。但如果反對墮胎陣營領袖採用同樣的方法，從支持墮胎權的領袖邏輯中發掘一些優點並加以表達，雙方都會覺得備受賞識。而且，彼此對墮胎權的基本信念也不會發生改變。事實上，兩位領袖的立場還可能變得更清晰、更堅定。因此，藉由挖掘對方的邏輯優點，雙方領袖得以各持立場，同時攜手合作，例如聯手推動旨在遏止意外懷孕的方案。

或許有強烈理由導致你不願意挖掘對方觀點中的價值。我們找到其中兩項。第一，那麼做也許有違你的宗教信仰。第二，讚賞對方的觀點，可能讓朋友、家人或選民誤以為你欣賞對方的優點，就是贊同你之前不同意的觀點。

## ▼傳達你的理解

表達賞識的第三要素，就是向對方傳達你所理解的優點。一旦明白對方的觀點，並找到其中的價值，務必讓對方知道。你的措辭應該得體、恰到好處、中肯且切合情況，尤其必須誠懇。不需要華麗的詞藻。重要的是讓對方感受到自己的想法、感受和行動被認可。就這麼簡單。

> 聽起來，你擔心賣掉股份會傷害你跟其他董事的關係。〔表達了你的理解。〕我明白你的顧慮，尤其是考慮到你還想在這一行繼續幹下去。〔顯示自己看到對方想法的可取之處。〕

以肯定的語氣傳達訊息，可以避免激起對方的防禦心理。如果你已經在對方的觀點找到可取之處，這麼做就更簡單了。與其用譏諷的口吻說：「是啊，我明白你為什麼認為自己有資格加薪」，你應該肯定他們的觀點：

我認爲你有很好的理由覺得自己有資格加薪。你爲公司投入了大量時間、工作認眞，而且成功管理了涉及公司兩大客户的專案，表現出色。

不論冷嘲熱諷或肯定的語氣，都能顯示你已理解對方傳達的內容。但只有肯定的說詞，才能說明你從對方的觀點當中看到了可取之處。承認他們說的話有道理，並不等於向對方妥協讓步。

**反思你聽到的內容。**單純理解對方，或說出「對，我明白」並不夠。除非證明自己確實理解哪些事情對他們很重要，否則對方會覺得心聲未被聆聽。這是丹尼爾從合作過的兩位領袖上學到的一課。他回憶當時的情況：

當時，我在馬其頓的奧赫里德湖（Lake Ohrid），主持一場爲期一週的社會與政治領袖談判研習營，與會者包括阿爾巴尼亞裔與馬其頓裔人士。那段期間，兩個族裔恰好爆發暴力衝突。科索沃戰事導致數以千計的阿爾巴尼亞人湧進馬其頓，有些馬其頓人因而擔心失去自己的政治與文化影響力。

在休息時間，我跟兩位與會人士同坐一桌喝咖啡，其中「伊凡」是馬其頓人，「巴米爾」是阿爾巴尼亞人。他們很快爭論起來。

「你知道有成千上萬的阿爾巴尼亞難民從科索沃跑來這裡嗎？」伊凡問：「我們哪有辦法照顧那麼多人？」

「有其他選擇嗎？」巴米爾回答：「你不知道處於絕境是什麼感覺。」

「你看，」伊凡說：「如果我們不幫助這些難民，全世界會認爲馬其頓冷酷無情。可是我們的國家太小了。這叫我們該怎麼做才好？」

「你不了解情況，」巴米爾說：「你根本不懂被自己國家拋棄是什麼滋味！」

兩位男士來回爭執，嗓門愈來愈大，試著壓過對方的聲音。我原本默默聆聽他們的論點，但局面此刻已即將失控。

我插嘴說：「等等，這樣子吵不出結果。」

他們暫時停下來看著我。我說：「你們都很挫折。但先讓我們仔細分析分析。」

「他根本搞不清楚我的狀況！」巴米爾打岔。

「他才搞不清楚狀況！」伊凡反咬一口。

我停頓片刻，等雙方冷靜下來。「伊凡，」我說：「你從巴米爾的話聽到了什麼？」

他開口就說：「巴米爾認爲馬其頓人排斥阿爾巴尼亞人。我們沒有。」

「我根本沒說那樣的話！」巴米爾怒斥。

我問巴米爾：「你聽到伊凡說了些什麼？」

「很顯然，他只想照顧自己的同胞。」巴米爾說。

伊凡打斷他說：「我根本不是這個意思！」

兩位男士愣愣地盯著對方。他們聆聽了，但沒有理解彼此。兩人不知道對方說了什麼，也沒有回應對方的話。他們雞同鴨講，各自對自己的假設與情緒做出回應。

現場一片沉默。然後伊凡笑了。他洞澈了事情經過，而這項領悟讓他大吃一驚。他說：「如果我們關上耳朵，無非只是原地打轉。」

他說的對。人們往往疏於聆聽，因為他們急著輪到自己說話、表達意見。聆聽不是被動行為，你應該主動投入、凝神專注。研討會接下來的時間，我看著巴米爾和伊凡嘗試聆聽彼此，真正傾聽。他們的聆聽能力不只一次被情緒壓垮，但如今努力從對方的觀點挖掘優點，並且讓對方知道。

如果你發現自己停止聆聽，試著自問，「是我講完了，還是他們講完了？」換句話說，你是否過早停止聆聽對方。也許因為你懶得聽了，或者他們表露的情緒讓你覺得不舒服？

反思式聆聽（reflective listening）會促使你聽得更仔細。你以自己的話重述對方傳達的實際資訊或情緒感受。當丹尼爾對兩位男士說「你們都很挫折」，他展示的就是反思式聆聽。這讓伊凡和巴米爾都覺得自己被傾聽了。

**向對方表示若易地而處，你會多麼心煩意亂。**我們無法準確評估對方當下的情緒。就算用心嘗試，也可能因為誤判而激怒了對方。

一位租屋客正打算跟房東商量降低房租一事。房東是一位律師，住在她樓下。房客想跟房東套關係展開整場談判。她說：「我聽說你剛跳槽到另一家律師事務所，肯定很辛苦吧。」

房東的臉色刷一下變白，突然發飆：「不，才不是那樣。你來找我到要底幹嘛。」說話的同時，其他想法在他的腦子裡轉來轉去。房東擔心：「她是不是暗示我沒有能力應付換工作的壓力？她以爲我多脆弱？」儘管房客出自一片善意，房東卻覺得被批評與冒犯。

比較溫和的方法是單純假設如果事情發生在自己身上，我們會有什麼感覺。這最好加在問候對方的感受之後。房客可以這樣說，「我聽說你換工作了。還好嗎？要是我換工作，肯定吃不消。」設身處地的說法能開啟順暢溝通的大門。透過這種不自以為是的方法，讓對方覺得自己願意聆聽，房東也不會覺得被強加了某種情感體驗。

## 賞識不代表妥協

許多人擔心欣賞別人的觀點等於贊同他們。錯了。不論你是否同意對方的立場，都能從對方的思維找到可取之處，並且讓他們知道。你的決策自主權絲毫未損，仍然可以接受或拒絕提案，同時提高雙方共同合作的可能性。

就算認為對方的構想或意見很愚蠢或錯得離譜，你仍然可能理解他們的想法。同樣你也可能去理解那些很有份量、值得注意的重要論點，即便你無法苟同這些論點，或覺得其他因素蓋過了它們的重要性。向對方傳達你的理解，並不等於表示「我同意你的說法」，或者「我會照你說的做」。

舉例來說，律師與客戶交流時表達理解當事人的情緒困擾，這並不表示律師認同客戶的每一個行動或意見。但他可以欣賞客戶的基本信念與思維。為了避免誤會，律師可以在訪談一開始時表明立場，「我希望深入理解你的經歷，好幫你打官司。我或許不會完全認同你說的每一句話或做過的每一件事，但我希望你知道，我確實從你的觀點當中看到了可取之處。」

欣賞他人同時堅守己方立場的做法，也非常適用於商界。「馬克」任職於一家汽車製造商，是位幹練的管理人才，卻不幸罹患帕金森氏症。隨著病情逐漸惡化，他的口齒變得模糊不清，也失去了平衡能力。他在工作中數度跌倒，幸而沒有受傷。

馬克跟公司高層私交甚篤，尤其是地區總經理「山姆」。接連四個夏天，兩家人都一起出遊度假。馬克猜想，基於跟下屬交流的能力受損，高層可能希望他提前退休。馬克更希望選擇半退休。他熱愛工作，但也想陪伴妻子在海濱的房子度過冬天。而且，他更不願意由公司高層單方面決定他的去留。與其跟高層主管提出要求、冒險把局勢變成一場激烈對抗，馬克決定運用賞識的力量。他邀約總經理山姆私下會面，說：

「山姆，謝謝你花時間見我。如今這場病讓溝通逐漸困難，我一直在思索如何管理自己的工作與生活。我們是多年好友了，看到我被病痛折磨，想必你也很難受。我知道你想找到對我最有利的解決方案，不希望我給自己太多壓力。我也知道，身為地區總經理，你也必須顧及公司的最大利益，期望全體員工都能有效率地完成自己的工作。所以，我猜想你的處境很困難。我希望和你一起坐下來，想想我們有哪些選擇，先不急著下定論。」

透過這段話，馬克顯示他理解山姆的立場，同時沒有做出任何讓步。相反地，他承認山姆關心他，但山姆也有不得不盡的工作職責。這段話為他們的對談奠定了正面基調，也提高了協議結果讓馬克、山姆及公司皆大歡喜的可能性。

## 隨時準備好欣賞他人

如今你已經明白如何賞識他人，是時候準備好付諸行動。雖然你無法判讀談判者的心思，卻可以努力站在對方的立場，更深入理解他們的看法與感受。

### ▼決定你要欣賞的對象

第一步是決定你的欣賞對象。不論長幼、貧富、位高權重或人微言輕，每個人都喜歡受到讚賞。這是所有人都具備的核心欲念，不分階級輩分。我們以為地位或權力比我們高的人不需要賞識，認為賞識應該是單向的，從上到下，對吧？錯了。下屬需要讚賞，上級也不例外。你可以欣賞自己的上司、部下、同儕，甚至談判對手。事實上，當你被人看輕時，可以透過讚賞對方將雙方拉到同一立足點上。

羅傑回想從一次經驗中，體會到了賞識的力量不分位階高低：

> 一九四九年，羅傑到巴黎參與歐洲戰後經濟復興的「馬歇爾計畫」（Marshall Plan）。當時駐巴黎的財務官貝瑞（羅傑的好朋友）爲了應付奧地利隨時可能爆發的金融危機，投入好幾星期心血擬定了一份應變方案。
>
> 星期一早晨，巴黎《先驅論壇報》（*Herald Tribune*）報導指出，奧地利確實出現金

融危機，全國銀行紛紛關閉。馬歇爾計畫的歐洲區負責人艾佛瑞．哈里曼（Averell Harriman）大使，已飛往維也納處理危機。由於哈里曼走得匆忙，沒有機會先跟貝瑞商討整體情勢。

當週結束前，哈里曼已成功化解危機。（照貝瑞所言，幹得非常漂亮。）然而，貝瑞卻覺得自己不受賞識，也不被需要。他花了好幾星期殫精竭慮，但構想完全沒派上用場。他告訴羅傑自己正考慮辭職。

隔週，羅傑協助哈里曼處理另一項事務時，哈里曼要求羅傑坐下來，跟他說說青年幕僚的士氣狀態。羅傑表示：「大家有時覺得不被重視。貝瑞告訴我，你在奧地利的表現極其出色，完全不需要他幫忙。他正考慮另謀他就。」

「貝瑞？」大使說：「那傢伙是個天才。我們星期六下午接到維也納的急電，我立刻打電話給貝瑞，可是他不在家。我們透過保安幫忙，把他的辦公室翻了一遍，從保險箱找出一份長達四十頁的備忘錄草案，說明我們該如何處置奧地利可能爆發的金融危機。我把這份草案影印一份帶走。那一整個星期，這份草案就是我的『聖經』。我不過是照他的建議行事，確實奏效。」

「你跟貝瑞說了這些事情嗎？」我問。大使說：「沒有。他只是善盡職責而已。我可沒打算謝謝做好自己工作本份的人。如果你想告訴他的話，請便。」

羅傑把哈里曼的秘書叫進辦公室，當著哈里曼的面說：「麻煩你在大使的行程表上安排十到十五分鐘時間，好讓大使把他剛剛對我說的話，親口說給財務官聽。」

「不行，」哈里曼大使拒絕。「可以！」羅傑對比他年長一倍的頂頭上司說：「這很重要。」

「從來沒有人告訴我，我的表現有多麼出色，」哈里曼說。

羅傑呆住了，接著說：「我從沒想過自己有資格對你說你做得很棒。的確，你早上常常遲到。但是等你進到辦公室時，已經讀完華府和使團半夜傳來的每一份電報，對於該做的每一件事情都了然於心。而且你加班到很晚。在這裡，大家經常加班到晚上八點半，也就是你口中的『下午』時段。」

哈里曼大使也許很小就學會鋪床和整理家務，從不期望聽到一句謝謝。但那不表示他不想受到肯定。長大後，他從不誇讚別人，或許正是他自己從來不指望得到讚賞。

### ▼嘗試進行角色互換練習

嘗試練習角色互換，為讚賞對方觀點做好準備。不妨請同事幫忙，讓他協助你進入角色情境，「變成」你打算欣賞的對象。同事可以提出問題，幫助你理解談判桌的另一方可能產生的感受。

「你〔從對方角度〕最關心的問題是什麼？」

「你對哪些欲念特別敏感？」

「錢當然很重要，但請說明：你還在意哪些事情？尊重？接納？受到傾聽？」

請以第一人稱回答每個問題，彷彿你真的是那位不在場的第三人，例如，「如果其他人忽略我的意見，我會很氣惱」。及早在同事幫助下練習角色互換，站在你打算欣賞的目標對象的角度思考問題。

丹尼爾記得，角色互換練習如何幫助一位母親應付棘手的婚姻衝突。當「安娜」的成年兒子打電話表示自己打算返鄉發展，安娜不假思索地說：「找到落腳處之前，你何不來跟我們一起住？」當時，她完全沒想到這項提議會為自己的第二段婚姻引爆危機。安娜難掩興奮之情，迫不及待把這個好消息告訴結縭十五年的第二任丈夫「喬」。不料，他卻為了安娜邀請兒子搬回家住而生氣。

「你不爲這件事情高興？」她問丈夫。

「我不希望他無限期住下來，」他說：「孩子們都已經離巢，現在是我們倆的相處時間。」

「他不會賴著不走的，」安娜說。

「就我對他的了解，他不會把自己當客人，」喬說：「他已經二十好幾，是個成年人了。」

「可是……你難道不希望家人圍繞身旁？」安娜問：「還是說，他是我的孩子，不是你的？」

「我才不管他是誰的孩子！他們已經長大，早就過了搬回家住的年紀。」

安娜頓時萌生一個可怕的感覺，眼前的人似乎不是她當初嫁的那個男人，不是和她一起把雙方子女撫養長大的那個好父親。她既生氣又困惑，彷彿自己必須在丈夫與兒子之間抉擇。她站起來，奪門而出。

兩人的關係愈來愈緊繃，幾乎無法共同生活。他們開始互相咆哮，這是從沒發生過的事。安娜轉而向丹尼爾求助。安娜說明狀況之後，他們聊起接下來該怎麼做：

我說：「聽起來，你和喬有如黑夜裡交會的兩艘船。你們似乎沒有眞正理解對方的觀點，兩個人都覺得不被認可。」

她點點頭問：「那麼，我該怎麼做？」

我說：「你們倆都有意維繫這段婚姻。你可以試著先理解喬的立場。我們做個練習幫助你理解。」我請她從喬的角度回答三個問題。

以下列出這些問題和她的發現：

1. **「哪些原因讓喬認為你不理解他？」**安娜意識到，自己表現得彷彿兒子是她一個人的。她指控喬不關心兒子，因為兩人沒有血緣關係（那句「還是說，他是我的孩子，不是你的？」）她捍衛自己的立場，卻沒多花心力理解喬的想法。

2. **「喬的觀點有哪些可取之處？」**安娜試著從喬的角度感受整起事件。她發現孩子搬回家住，或許讓喬想起當初全年無休教育孩子的日子。從教他們騎車到伴讀，無所不包。喬活到這個歲數，或許希望減輕「額外」的責任，享受和妻子獨處的時光。

3. **「你是否向喬傳達了你的理解？」**安娜意識到自己未能將從喬的立場看到的可取之處傳達給對方。她擔心一旦讚美了喬，就不得不屈服於他的觀點，所以她從未承認自己理解他的擔憂與願望。

安娜之後試著認可自己的立場。她逐漸認識到身兼妻子與母親的壓力，把她往兩個不同的方向拉扯：既要支持兒子，又要維繫她的婚姻。她在自己的觀點中看到可取之處：她在努力滿足兒子與丈夫的情緒。她也希望喬傳達出理解自己的顧慮以及其中的可取之處。

這樣的準備工作讓安娜更深入了解這場衝突的本質。她不再批評丈夫，而是準備聆聽與學習。為了改變談判的基調，她準備了一個簡單問題：「跟我說說，你這個想法的出發點是什麼？」

提出這個問題後，安娜仔細聆聽，不加以評判。她得知丈夫想保護兩人的婚姻關係。他一直很期待這個家完全屬於他們兩個，夫妻倆可以享受「無窮」的相處時光。她也明白成年子女在身旁占據她的時間，會讓他吃味。

由於她學會傾聽並傳達理解，當喬覺得安娜理解自己的心聲時，兩人的互動基調出現變化。喬覺得妻子深愛著他，也認可他渴望兩人獨處的需求。他得知安娜身為人母，覺得自己有責任陪伴剛剛失戀的兒子。他也發現安娜非常懷念扮演母親的角色，也懷念看著他扮演父親的角色。

婚姻問題沒有簡單的解決方法，但他們此刻願意並肩化解歧異。夫妻的對話成了相互理解的泉源。一段時間後，他們心平氣和地談好協議；兒子和他們住一個月，這時間足以讓他找到新住處。

### ▼列出一份「好問題」以理解對方的觀點

身為明智的談判者，你應該自行設計一套「通用問題」來理解對方的觀點。你可以借用自己為另一場談判準備的問題（不論用過與否），或者其他談判者對你提出的好問題。例如安娜問喬：「跟我說說，你這個想法的出發點是什麼？」。這種一般性問題，幾乎適用於任何一場談判。類似的問題包括：

「請幫助我理解，你怎麼看待這些事情？」
「我們今天討論的事情當中，哪一件事你覺得最重要？」
「在這次的協商中，還有哪些事情你非常在意？」

太多時候，談判者以「證明對方錯誤」的問題拷問彼此，彷彿把對方當成法庭上做證的目擊證人。這類問題只能換來是或否的簡短答覆：

「你到底有沒有想過你的行動會對我的客戶產生怎樣的衝擊？」
「你是不是又想背著我搞小動作？」

為了實現雙方互相理解的明智目標，你不妨運用開放式問題。不是為了駁倒對方，而是真誠地垂詢。這類問題會鼓勵對方說出他關切的重點，問句中通常包括「如何」或「什麼」這類字眼，例如：

「你說我的客户考慮買的那棟房子，至少值賣方開出的五十萬美元。你如何估出這個數字？有可以參考的銷售數字或其他資訊嗎？」

「你認爲這個方案有什麼優勢？又有什麼風險？」

「你覺得情況如何？」

「關於這份提案，你有什麼顧慮嗎？」

## 幫助他人欣賞你

當對方不認可你該怎麼辦？如果你努力找出對方立場的可取之處，對方卻不看重你的觀點，談判有可能一面倒，變得不公平。你或許心生不滿，覺得應該討價還價要求賞識：「除非他稱讚我，否則我不會稱讚他」。然而正如前述，討價還價是行不通的，因為賞識應該出自真心。對於討來的讚美，你可能會心存懷疑。

別洩氣。你有許多方法讓人理解你說的內容、從中找到優點，並表達他們的理解。以下提供幾個方法：

▼**幫助他人理解你的觀點**

如果認為其他人不理解你的訊息，請勿坐視不理。**約好具體時間，邀請他們聽你說**。你可以告訴工作夥伴，你有一段特定訊息希望他們聆聽。羅傑記得他以三分鐘扭轉乾坤的一段經歷。

我在科文頓柏靈律師事務所（Covington & Burling）當律師那幾年，約翰．萊林是公司的合夥人。我們在巴基斯坦的客户打算寄一封文書給印度官員，萊林先生和我分別擬了一篇草稿。我們各自先讀了對方的內容，再加以評論。他最後決定採用他的草稿。我認爲萊林先生不理解我爲什麼覺得他的草稿不理想。我提議採用我的草稿，他拒絕了。我們將以他的草稿爲主，以及我有任何修改意見嗎？

我請萊林先生給我三分鐘，說明他的草稿有哪些缺失。他勉爲其難答應了，然後拿出懷錶放在桌前，說：「你有三分鐘時間」。我才說了兩分鐘就被他打斷。他問我爲什麼不早點說清楚。然後，他把自己的草稿丟進垃圾桶。我們後來一起修改我準備的草稿。

我被聆聽了。我說出自己的觀點，並且說服成功。

**迎合他人的聆聽方式來修改你的訊息。**美國許多救護車的車頭上，「救護車」（ambulance）的英文字是倒著拼寫的。這讓透過後視鏡查看的駕駛人能夠正確讀出這個字。想出這個絕佳主意的人是這樣考慮的：「我們可以怎樣修改訊息，好讓其他駕駛人看得明白？」

談判過程中，你也需要塑造訊息，好讓其他人聽得明白。你或許會告訴屬下，他們每賣出一件商品，你就付他們五％佣金。你認為這是很優渥的待遇。然而許多人聽到的，卻是你打算獨占剩餘的九十五％。在他們眼中，這是個貪婪之舉。你的訊息和用意都沒有傳達清楚。

任何一方一旦激起了強烈情緒，溝通難度就會增加。舉例來說，你生氣的時候，會很想責怪讓你產生負面情緒的一方。例如：「我很生氣，因為你簽約之前沒有先問過我的意見。」不要責怪他人。責怪會激起對方的防禦心。當他們滿腦子想著如何反駁，聆聽能力就會下降，雙方合作的可能性也隨之降低。

相反地，你可以用前瞻式訊息表達憤怒，讓對方知道你之所以生氣，是為了改變未來的互動方式。例如：「我明白告訴你我很生氣，因為我希望你以後簽訂對雙方都有影響的協議之前，先問問我的意見。」如果你不僅展示需要受到認同，還希望你的訊息影響未來，那麼從長遠來看，你獲得賞識的機會將大幅提高。

### ▼幫助他人從你的想法、感受或行動中找出可取之處

有許多方法可以幫助他人看出你的觀點或情緒感受有哪些可取之處。**請對方從你的觀點當中尋找價值**。與其大談己方觀點的長處，不妨問對方幾個問題，幫助對方反思你的觀點有哪些可取之處。你可以說，「我不確定自己是否充分說明了我的觀點。在你看來，為什麼我認為自己的立場很重要、很有說服力？」

**引用能讓他們產生共鳴的比喻**。你會因為對方忽視你的情緒而生氣。他們也許假裝沒注意到你在生氣，或者試圖以自己的怒氣壓制你的情緒。此時你如何鼓勵他們從你的情緒感受中找到價值？

一個很有用的方法是，透過打比方來緩解緊張情勢。隱喻可以幫助談判雙方在不直接公開談論的情況下，交流彼此共通的情緒經驗。與其說，「我為當前的情勢感到焦慮，你讓我覺得很無力、同事讓我心煩，我相當絕望」，不妨打個比方來說明你的感受。「我覺得我倆彷彿跳著不同的舞步。」

不論對自己或對其他人，你都可以透過隱喻描述共同的情緒經驗。以下是一些範例：

「我們似乎走在鋼索上，最好確保底下有一張安全網。」

「我覺得彷彿有一股潮水正把我們牽往危險的水域，改變航道吧。」

「我覺得我們正一步步走向風暴，我們如何避免朝那個方向前進？」
「我覺得我們給自己挖了個坑，而且愈挖愈深。怎樣才能跳出坑外？」
「我們好像逆流而上，怎樣能讓雙方都輕鬆點？」
「屋裡似乎鑽進了一陣冷風，你能幫忙讓氣氛熱絡一點嗎？」

隱喻為你和對方提供了化解歧見的共通語言。透過隱喻，雙方都可以承認情緒障礙的存在，並將障礙轉化為可以處理的問題。如果你和對方「跳著不同舞步」，你可以問：「我們的動作如何能更協調？是否應該休息一下，然後回來看看彼此的步調能否更一致？」如果你和對方「撞上路障」，你可以問：「我們如何繞過這路障？是否應該調個頭，先談談雙方的訴求點？」

打比喻是政治人物、媒體記者和談判人員經常使用的方法，用來激勵民眾產生具象且發自內心的使命感。舉例而言，在以色列與巴勒斯坦衝突中，美國聯合了歐盟、聯合國和俄羅斯發起和平路線圖的概念。和平路線圖激起全球眾多人士的共鳴，因為在他們心裡，以巴雙方已在衝突中「迷途」。路線圖明確建議雙方可以採取哪些行動。相對於光說「我們要宣布一套新計畫供所有人參考，」路線圖的具體本質為民眾與政治人物提供了可供討論的實質內容。

### ▼幫助他人聆聽你的訊息

有個方法可以鼓勵他人打開耳朵傾聽：**言簡意賅**。草擬訊息時，試著化繁為簡。你必須能夠回答幾個重要問題：

- 訊息的目標對象是誰？
- 他們應該如何反應？他們能理解你的意思嗎？
- 從他們的角度來看，這個選項有哪些利弊得失？
- 他們會愉快地接受訊息，或者置之不理？

扼要地回答上述問題，你就能為自己擬定強力而清晰的訊息。

還有，請對方重述你的談話內容。你不會知道對方是否理解你的訊息，除非他們告訴你。要確認他們聽到了什麼，一個簡單方法就是直接問他們。你可以說，「我不確定自己是否說清楚了，你聽到了哪些內容？」如果他們的覆述不盡正確，你可以加以澄清。不論正確與否，這個問題會刺激他們日後更仔細聆聽。

## 自我賞識的重要性

依賴別人賞識自己的做法存在一定風險。你無法控制別人。如果對方不賞識你，你可能感到氣餒。他們甚至可能把賞識當成操縱手段，透過阿諛奉承誘使你答應他們的要求。

或者，他們也可能拒絕理解你的觀點。如果你依賴別人的認可，上述行動的任何一項都會讓你瞬間失控。

然而，你確實能夠控制自己欣賞他人的能力，以及自我賞識的能力。你可以運用內在力量來肯定自己、增強自信心，並澄清對己方及對方觀點的理解。

你必須客觀地從自己的觀點與行動中探索優點，不偏不倚。如果你的觀點值得讚賞，不要吝於讚美自己。如果你很難從自己的行動或思維當中找到可取之處，試著想像人生中的某位重要精神導師會如何讚美你。在你遭遇低潮時，或許曾有某位尊長、老師或同事給你支持、替你加油打氣。那個人會在談判時對你說些什麼？請對你自己說那些話。對於你的付出與看法，他們會如何表達讚賞？請聆聽那些聲音。

假如事後反省，你覺得自己過於膨脹，請修正自我讚美。誠實對待自己，那對你有益無害。事實上，倘若你願意誠實地評估自己，你可以為此感到自豪，不論最後是熱情地支持自己的想法，或者坦白承認你的觀點還不成熟、需要重新縝密思考，都值得驕傲。你愈誠實地肯定談判對手的想法（包括其中可能存在的漏洞和可取之處），並且同樣嚴格地審視己方思維的長短處，你和對方愈有可能達成可行的協議。

你很可能毫無興趣跟談判對手建立長遠關係。當然，向對方表達賞識，很可能會讓你改變這個想法。無論如何，愈深入理解對方和自己，雙方就愈容易攜手合作、達成共識。

## 小結

賞識是一項核心欲念。每個人都渴望被理解、尊重與聆聽。當人們受到真誠的肯定，他們更願意配合，比較不會展現敵意。賞識他人的方法如下：

- 設法理解彼此的觀點；
- 從彼此的想法、感受或行動中發掘優點；
- 透過言語和行動表達你的理解與賞識。

你或許不同意對方的立場。沒有關係。那不妨礙你理解對方觀點，並肯定你從中找到的可取之處。

本書從賞識的章節開始，是因為當自身或行動受到賞識時，每個人都會得到情感上的報償。其他人認可我們對於親和感、自主權、地位與角色的情感需求，也很重要。我們將在後續章節提出建議，說明如何應付另外四大核心欲念。

第4章

# 建立親和感：化敵對為合作

談判人員的團體訓練時，我們經常以「掰手腕比賽」開場。一次培訓三十位具有國際貿易談判背景的學員。我們請學員兩兩一組，吩咐他們坐在搭檔對面，面向彼此，把右手肘放到桌上，然後握住對方的右手，不要鬆開。只要讓對方的右手背碰到桌面，該學員就得一分，目標是在這項活動中爭取最高分。我們告訴學員，搭檔的得分不影響他們各自得分高低，並要求他們從頭到尾閉著雙眼。

「預備……開始！」

為時兩分鐘的比賽裡，各組學員苦苦掙扎，因為所有人都使出全力，試圖把對方的右手壓到桌面。費盡力氣較勁之後，幾乎所有學員的得分都不超過一、二分。

只有一組例外。活動開始後，其中一名學員立刻想到，他的目標是盡可能為自己爭取高分，而且完全不必計較搭檔得分高低。他沒有試著扳倒對方的手，反而順向拉，讓搭檔既快速又輕鬆地得一分。接著，他迅速為自己贏得一分，然後再送對方一分。這兩位搭檔不必用言語交流，默契十足地抓著彼此的手在桌上快速來回擺盪，雙雙累積了高分。

比賽結束後，我們要求每一位學員大聲公布自己的得分。除了相互合作的那一組學員各得二十多分，所有參與者都不超過三分。

從事後檢討不難看出，儘管我們用了「搭檔」這個稱呼，並且清楚指示學員「不計入」搭檔的得分，但幾乎每一位學員都假設自己和搭檔之間是競爭關係。這種敵對假設主導了他們的思維，阻礙為自己爭取高分。

把談判桌的另一方視為敵手的假設，主宰了絕大多數的談判，而這樣的假設往往阻礙每個人為自己爭取最高利益。

## 親和感的力量

談判過程中，必須應付雙方之間真實存在或可能存在的歧異。我們希望以最不浪費時間與資源的方法解決歧異，同時得到令人滿意的結果。最好的辦法，莫過於雙方合作。透過相互理解、集思廣益，雙方都站在創造雙贏的有利地位。

合作的一個重要成分是親和感。親和（affiliation）這個字源於拉丁文動詞affiliate，意思是「接納或被接納成為一家人」。做為核心欲念，親和感指的是我們與另一個人或另一個團體彼此相屬的感覺，也就是我們和他們之間的情感距離。如果我們從屬於某個人或某個團體，就不會感到疏離，也會覺得與對方「親密無間」。

當我們與另一個人存在緊密聯繫，合作就變得輕鬆愉快。不把對方視為陌生人，而是視為「家庭」的一分子。於是，我們會關心對方、保護對方的利益、關照他們的福祉。我們不再排斥嶄新的概念，並且更樂於改變既有想法。對彼此的忠誠讓我們保持誠實、促使雙方尋求互惠的協議，並激勵我們兌現協議內容。

親和感是一種發自內心的聯繫。唯有當對方由衷關心我們的福祉，而不單為了圖謀利益，才會產生。詐騙集團或電話推銷員為了金錢而試圖與我們建立親和感，可是一旦察覺他們的關懷並非自真心，我們會立刻掛掉電話。

## 我們常忽略建立親和感的契機

雖然親和感力量強大，卻常被忽略、疏於經營。有時，我們無法意識到與他人共享的結構性聯繫（structural connections），即置於同一個群體中的角色。例如，我們和談判對手都熱中收藏錢幣，可由此產生志同道合的感受。不過，假如我們從頭到尾都沒發現彼此共通的角色，就無法產生情感聯繫。這是因為，我們也忽略了建立新身分的力量，疏於讓彼此以同事、談判同行或解決問題的夥伴等角色連結在一起。

不論與對方具有何種結構性關係，我們也常疏於加強個人聯繫（personal connections），即拉近某個人與自己的情感連結。散居各地的手足也許會漸行漸遠，不通音信。然而，長程飛行上恰好比鄰而坐的陌生人，卻可能在短短幾小時內交換彼此從未跟好友分享的個人經歷。在談判中，個人聯繫的力量，能夠在「己方」與對方之間搭起橋樑，拉近雙方距離。

提高親和感並非難事，本章將教你如何做到。首先告訴你如何改善與他人的結構性聯繫，然後說明建立個人聯繫的幾種方法。最後，我們也會教你如何保護自己，以免親和感淪為別人利用你的工具。

## 改善結構性聯繫

如果你跟他人存在結構性聯繫，就表示你們同屬於某個群體。你們或許是兄弟姊妹、同一公司的員工，或者同一類型的音樂愛好者。同團體的人，往往會自動賦予雙方一定程度的親和感。有許多實用方法可以增強你和談判對手的結構性聯繫。你們可以找到既有的連結，或者以共事者身分共同建立新的連結。

### 找到既有連結

一旦找到與對方的結構性聯繫，兩邊的歧見不再是把你們栓在一起工作的唯一連結。這些連結會凝聚你們，驅使你們攜手合作，並在討論白熱化時扮演安全網的角色。

談判之前，先設法找出你和對方之間的可能連結。問問認識對方的同事、請求對方提供簡歷，或者上網搜尋對方的訊息等等，都不失為尋找結構性聯繫的好方法。和對方見面時，你可以主動而真誠地提起你們之間的某些連結，例如：

- 年紀（「每逢這種日子，退休生活就讓人心生嚮往。」）
- 職位（「你的老闆會讓你們做牛做馬，像我們這樣整個週末加班嗎？」）
- 家庭（「你有孩子嗎？你如何平衡工作與家庭生活？」）
- 背景（「好巧啊，我們雙方的父母都生於柏林！」）
- 宗教信仰（「你有沒有〔逾越節、復活節等等〕可用的好食譜？」）
- 登山、聽音樂或下棋等共同興趣（「我也好喜歡滑雪。我們兩家人寒假一起去滑雪，一定很好玩。」）

你也可以透過事業夥伴、同事、上班族、同學、朋友、熟人或校友等角色來建立連結。簡單聊聊彼此的結構性聯繫，幫助增進親和感。（「你是哪所大學畢業的？我也是。你住哪棟宿舍？」）

## ▼以共事者身分建立新連結

一九九〇年代的南斯拉夫內戰後，某些塞爾維亞國會議員逐漸把其他黨派的成員視為敵人。當時的聯合政府由十七個政黨共同組成，各項政務皆須經過各方協商。鑒於這點，議員間的敵對態度非常不利於政務推行。丹尼爾受邀為塞爾維亞國會議員舉行利益導向談判法的培訓。

看到各方的負面情緒後，丹尼爾問塞爾維亞議員：「你們認爲最好的談判原則是什麼？」一位議員以一句話總結了導致政務窒礙難行的基本互動模式：「在對方耍我們之前先騙過對方！」

一旦把彼此視為談判對手（不論他們有哪些共通的工作性質或經驗），注意力只會集中在雙方的分歧點上。或許事關政治，或許事關其他，但雙方總存在歧異，彼此下意識地接受「談判雙方要互相敵對」的觀念。談判的結構定調為敵對性質。這項假設說明了許多談判失敗的原因。

不論你和對方有沒有連結存在，都可以透過「共事者」的身分建立新連結。

**從一開始就將對方視為共事的夥伴**。不要對談判有預設態度，或者談判者該應有何種行為表現的傳統觀念，阻礙建設性精神。下面是有助於建立連結的幾個簡單步驟：

- 安排在非正式的社交場合見面。在南非政府與非洲民族議會（African National Congress，下面簡稱ANC）展開重大談判之前，政府的談判代表洛夫·梅耶爾（Roelf Meyer）得知，ANC代表西里爾·拉瑪佛沙（Cyril Ramaphosa）將在朋友的鄉間私宅釣魚度週末。於是，他安排「意外」造訪這位朋友家吃午餐，來一場「不期而遇」。
- 非正式地介紹自己，並請對方直呼你的名字。「嗨，我是山姆·強森，請叫我山姆。我可以直呼你的大名嗎？」[3]
- 在不違常理的情況下，盡量並排而坐。「既然我們即將共事，那就坐在桌子的同一

3 核心欲念是人性的共同渴望，然而滿足欲念的方法，卻往往視文化差異而不同。好比說，在集體主義文化中，年輕人直呼資深、年長同事的大名，或許會被視為不尊重。本書不會著墨於文化差異，但希望讀者注意，某些建議需要依文化的不同調整。

邊吧。」

- 指出對方訴求的重要性。「在我看來，雙方提出的解決辦法必須兼顧你們和我們的重要利益。我相當清楚我方要什麼，但不確定是否完全明白你的訴求。如果你願意花幾分鐘列出貴方看重的訴求點，我很樂意洗耳恭聽。我也會快速回顧我方的重要訴求。這會幫助雙方釐清必須在協議中納入考量的重大利益。」
- 強調雙方任務有共同的本質。「要讓兩邊的老闆都能滿意，我們確實面臨了重大挑戰。不妨列出你我心裡的顧慮，由此著手。」
- 避免主導話題。「深入討論之前，我得先聽聽你的想法和建議，找到繼續協商的最佳方法。」

**欠對方人情**。富蘭克林說過，「人情債」可以建立人與人之間的聯繫。然而，他說的不是讓對方欠你人情，而是請對方對你施加恩惠。不妨跟他們借書，或請他們幫你一個小忙。這會讓對方覺得自己很慷慨，也會讓他覺得和你有了交情。

**籌辦聯合活動**。邀請對方參與有建設性的工作，你們之間可以形成有如同事或朋友般的結構性聯繫。問問自己：「我可以組織哪種活動來建立雙方的連結？」舉例來說，當兩國之間出現摩擦，雙邊的經濟發展計畫或學生交換方案，都有助於緩解政治緊張局勢。

在大多數談判當中，你可以邀請相關人士一起腦力激盪，設法提出能解決各方歧異的點子。你可以把會議改到非正式場所舉行；改變座位安排，讓大家繞著圓桌而坐；以破冰活動營造輕鬆氣氛，例如請每個人說一件兒時趣事。或者，你可以邀請雙方成員一起吃飯、喝酒、參與體育活動。

**不要輕易把某個人排除在外。**如果對方覺得受排擠，你辛辛苦苦建立的結構性聯繫就可能毀於一旦。感覺自己被排擠在團體活動之外，不論是會議、私下閒聊或一份有關辦公室空間的問卷，對情感的衝擊遠超過想像。有一次，在丹尼爾指導的一場研討會上，一位政府高官描述，她的同事由於沒有受邀參加一場重要的跨部門會議而心生不滿。他原本以為會受邀，因而覺得自己被主辦單位和主辦人排擠。為了報復，他顯然找到正當方法扣住數百萬元經費，不發給主辦該次會議的部門。直到六個月以後，這筆經費才終於放行。

被排除在會議之外也許看似無足輕重，但對當事人而言絕非小事。當你安排下次會議，不論跟同事在附近餐館吃午餐，或是跟重要的談判對手會面，記得想想有沒有誰會因為沒被邀請而受傷。花點時間決定你的取捨。邀請他們有什麼好處？排除他們得付出怎樣的代價？一分鐘的思考可以省掉你好幾個鐘頭的懊悔。即便決定不邀請他們，至少可以事先跟他們說明緣由，免得他們毫無防備地陷入從別人口中得知消息的尷尬處境。

## 縮短個人距離

探討了建立結構性聯繫的方法之後，我們把焦點轉向親和感的另一個層面：個人聯繫。這是讓彼此更加親密或疏離的私人連結。倘若欠缺這類連結，談判一方或雙方都會質疑對手的誠信、不再仔細聆聽，甚至取消會議。羅傑回憶一次經驗：

一九九〇年代初，我跟幾位同事受邀前往南非，先後在首都普利托利亞及約翰尼斯堡，爲時任總統戴克拉克（Frederik Willem de Klerk）的全白人內閣和非洲民族議會（ANC）舉辦談判研習營。內閣的訓練課程結束後，團隊接到訊息，得知ANC取消了預定隔週舉辦的研習營。

同事和我前往約翰尼斯堡，會見當時的ANC秘書長西里爾·拉瑪佛沙和他的幾名同僚。幾番討論後，ANC的研習營重新排定時間、順利舉行。

研習營隔天，拉瑪佛沙招待我們一行人吃午餐。這時，我跟西里爾的交情已足以讓我提出疑問：「你爲什麼取消原先排訂的研習營？」

「因爲沒有人認識你，」他回答。「可是，」我說：「你知道關於我的一切。事實上，我沒記錯的話，你曾經寫信到哈佛給我，請我幫你爭取國際事務中心的獎學金。」

「我確實知道關於你的一切，」西里爾回答：「但是我從沒聽過你的聲音，沒看過你的眼睛，也沒跟你有過肢體接觸。」他頓了一下，泛起了笑容，輕輕搖搖頭說：「我不認識你。」

對世上絕大多數人來說，一個人絕非一份履歷或簡介。了解一個人並和他建立私人連結，往往是打造良好合作關係的關鍵要素。談判者之間的個人聯繫至關緊要，即便在最簡單的談判中也不例外。

## ▼建立私人連結

人與人之間的親疏遠近經常會起變化，有時變得很快，有時是日積月累的改變。若非用心體察彼此的個人距離，恐怕不會知道自己和對方是愈來愈親密，還是逐漸疏離。

舉例來說，是否把母親送進養老院，兩兄妹可能各持己見，因而發生爭執，拉開了距離。如果沒有退一步思考如何修復關係，他們很可能錯失相互支援的機會，眼睜睜看著母親的健康狀況日益衰退。

談判者之間的情感距離，可用兩隻刺蝟在寒夜裡相互取暖時的距離來比擬。牠們彼此依偎，卻不想靠得太近，免得對方的刺刺傷自己。肢體動作往往是情感距離的良好指標。擁抱和親吻顯示親密，冷冰冰的點頭和短暫的握手則透露情感的疏離。理解象徵情感距離的肢體信號，可以衡量和對方的親疏遠近，也可以在你靠得太近、即將踩到對方界線時，提出警告。

以下是幫助你與他人建立個人聯繫的四種策略：

1. **面對面交談，而不是光靠電話、電腦手機通訊軟體或電子郵件溝通。**面對面交談比電子郵件、信件或電話更能拉近彼此距離。一旦親身接觸，你比較不容易對他人抱持成見，或產生誤會。不論談判雙方是以色列與巴勒斯坦領袖、勞方與資方，或者房東與房客，面對面協商可以為雙方增添人性色彩，有助於深入理解議題背後的來龍去脈。如果在自己的辦公室會見對方，請避免讓辦公桌成為雙方之間的屏障。美國前國務卿迪安・艾奇遜（Dean Acheson）經常從辦公桌後起身，移步到靠近賓客的座位。羅傑的辦公桌面向牆面書架，如此一來，他可以輕易轉動椅子，迎向來客，立刻邀請對方坐在旁邊的椅子上。少了書桌造成的隔閡，雙方比較容易建立個人聯繫。

面對面認識彼此之後，雙方就可以持續建立親和感，不需要每次會議都親身接洽。雙方已對彼此的個性取得一定的認識，因此比較容易理解對方在電話中的語氣，或者信件措辭的用意。

然而，一旦出現分歧，面對面解決問題比一連串的電子郵件往返更有效率。當面處理問題可以降低溝通失誤的風險，雙方可以透過肢體語言、語氣與訊息內容來傳達自己的感受。面對面會談時，談判者可以透過提高或降低音量來暗示情緒起伏，這是電子郵件所沒有的「音量控制」鍵。

2. **談論你真心關切的話題**。建立個人聯繫的第二個方法，就是談論對你有切身意義的事。交通或天氣這類安全話題既不會冒犯他人，也不會洩露太多底細，每個人都會說。然而，最不危險的對話往往也最無益於縮短個人距離。

談論切身之事可能讓人覺得自己無所遁形，變得更脆弱、被侵犯。但同時，也製造了建立親密感的最大契機。拉近彼此距離的話題可能包括家庭狀況、財務問題、對當前話題的情緒反應、對事業生涯的自我懷疑，以及種種道德難題。

在這類話題上，請求對方給予忠告是開啟對話的好方法。例如：「我一直苦於無法讓同事準時參與會議。你有沒有什麼建議？你是怎麼解決的？」分享你的錯誤、弱點和惡習，這也有助於拉近你和對方的情感距離。

當你和對方談論能增進親和感的話題，設定保密範圍可以有效降低對話的風險。請教談判對手如何處理生活或工作上的問題之前，你可以說：「我有一個私人問題想請教你。能否請你對其他人保密？」或者在討論私人問題後，你可以表示，「希望本次談話是你和我之間的共同秘密。」

第九九頁表六略述能用來拉近情感距離的幾種話題，也列出幾個「安全」話題，可以在對話開始變得彆扭，或在你覺得對話即將越界時，用來拉開彼此的情感距離。

如果有些感受談論起來過於露骨或讓你覺得不舒服，不妨坦白承認。舉例來說，宗教領袖可以對彼此交戰的陣營表示，此刻雙方的傷口太深，難以理智對談，這是情有可原的事情。同樣的，二〇〇一年世貿中心遭遇恐怖攻擊後，一些心理學家鼓勵因震驚而保持沉默的人們說出情緒感受，即便說：「我不知道說什麼好。」如此坦承不諱也可以加強親和感，因為人們揭露了自己的脆弱。相對於什麼話都不說，他們敞開心胸表達自己的情緒感受，即便那份感受模糊不清，很難用明確的字眼形容。

3. **給予對方空間，藉此拉近彼此距離。**建立個人聯繫的第三種方法，就是允許對方和你自己擁有充分的空間。給予雙方較大的自由不見得會傷害親和感。你可以要求空間，同時維持友善。一對蘇格蘭夫婦曾用一句誠摯的「歡迎」迎接週末來家裡留宿的朋友，下一句是「我們正在看書。你想做些什麼？」

你不需要為了建立親和感而透露內心深處的秘密。拉近與談判對手的距離，用意是讓彼此更通人情，不見得是為了結交新朋友或解決家庭問題。你的目的是創造足夠的個人連結、加深彼此信任，以便有效地共同解決問題。

如果為了增進親和感而把彼此拉得太近，令人覺得不舒服，不妨退後一步。你也許做得太過頭了。每個人都有希望多一點個人空間的時候。我們希望有獨處的時間、

### 表六 影響親和感的話題

| 能增進親和感、縮短情感距離的話題 | 維持原有情感距離的安全話題 |
|---|---|
| 家庭 | 天氣 |
| 個人關心的議題與計畫 | 好餐廳 |
| 子女、手足或父母 | 交通 |
| 個人政治意見 | 喜愛的電視節目 |
| 工作外的話題<br>（個人經歷與人生哲學等等） | 狹窄的「工作」話題 |
| 請求忠告<br>（例如子女管教問題、婚姻維繫問題） | 汽車 |
| 分享矛盾心態或不知所措的心情 | 什麼都不說 |

放鬆的時間，以及思考的時間。如果對話變得太沉重、太親近、太私密，你永遠可以轉換到「安全話題」，或者暫停一下，先去做點別的事情。

當試著跟無法完全信任的人建立親和感時，你可以限定話題種類。假設你跟某位同事關係親密，他有各種優點，唯獨喜歡聊辦公室政治八卦。在這種情況下，盡量避免跟他談論你不希望其他同事聽到的辦公室話題。儘管如此，你仍然可以分享你相信他會保密的議題（例如你的婚姻狀態），藉此拉近你們的距離。

4. **保持聯絡**。增強個人聯繫的最後一招，就是偶爾問候對方，不論他們「跟你站在同一邊」，或者替別家公司工作。親和感不是靜態的，會隨時間而改變。正如大多數人際關係都需要滋養，親和感也需要定期維護。就像你不能對另一半漠不關心，卻仍期望兩人的感情如過去一樣親密無間。要維繫親和感，對彼此的關注不可或缺。你或許可以邀請團隊夥伴共進午餐、關心他們的幸福，或詢問對方子女的現況。

## ▼降低建立個人聯繫的難度

我們或許看到了建立個人聯繫的價值，卻不敢放手去做。倘若缺乏信任基礎，我們擔心受到對方誤導。就算我們信任對方成員，也可能擔心受到己方同事或成員批評。

有三種方法可以降低建立個人聯繫的難度，那就是召開私人會議、重塑大眾對衝突的印象，以及籌組專門應付特定議題的小組委員會。

羅傑曾運用上述幾項方法，設法調和一場衝突火爆的勞資談判。當時，他協助美國一家大型企業的勞動關係部副總裁，設法改善和工會領袖的工作關係。工會和公司都認為雙方處於全然敵對的狀態。雙方針對工資、福利、工作保障及其他林林總總的議題展開協商，談判持續了一週又一週，似乎永無止盡。兩邊都感到憤怒、挫折、激動不安。他們立場強硬，各自堅持，拒絕讓步。事實上，雙方的敵對關係根深蒂固，公司甚至指派一間談判室，專門供勞資雙方進行會談。一張長木桌橫跨整個房間，長桌兩邊各擺了二十五張椅子，後面還有五十個幕僚人員座位。兩邊的談判者面對面而坐，陣勢有如兩支即將開戰的部隊。

羅傑記得自己思索著如何拉近雙方陣營的情感距離：

我的第一個念頭是換個會談地點。從談判室沿著走廊走到底有一間會議室，會議室裡有張大圓桌，所有人可以挨著彼此坐著。我拿起雙方代表的名牌，對調放在前方主位的圓桌上。工會代表走進來，看見他們的名牌放在資方名牌旁邊，立刻露出戒心。他們走過來對我說：「怎麼回事？你在玩什麼把戲？我們希望跟自己的團隊坐在一起。如果不回到原本的會議室，我們就退席。」雙方的信任如此微薄，最後還是回到了長桌開會，一事無成。

然而，在這樣的緊張衝突下，工會和資方都有意接受進一步諮商。我明白面對面互動有助於拉近敵對雙方的個人距離，於是邀請副總裁和工會領袖前來哈佛法學院，到我的辦公室進行一場非正式且非官方的會談，一起想想如何化解勞資雙方的結構性對立。

兩位男士一坐下，立刻用人們期待最親切友善的態度開始交談。我拿出辦公桌抽屜裡的照相機，想捕捉他們的笑容，希望日後用這張照片提醒兩位男士，他們曾對彼此如此友善與熱忱。

一看見相機，兩位男士立刻強烈抗議。他們擔心這樣的照片會讓各自陣營產生某種觀感。公司高層和工會成員都視這兩人爲頑強的對手，隨時準備好爲任何議題奮戰到底。兩人都害怕友好氣氛中私下會面的照片，會在雙方陣營的心目中造成無可彌補的傷害。公司高層一旦見到這類照片，或許會斷定勞動關係談判人員「上了工會的床」，因此不再相信他們能代表公司積極對抗「敵人」。工會主席也擔心這樣的照片會嚴重破壞他在工會成員眼中的形象。工會成員說不定會懷疑他們的領袖跟資方私下串通，暗中削弱工會的地位。

接下來的會談沒有太多波折，成果頗豐。我協助兩位男士進行腦力激盪，討論如何解決雙方最具爭議的幾項歧見。兩位領袖集思廣益，找出能滿足雙方基本訴求的方法。那一年的談判圓滿落幕，最後並未走上罷工的途徑。

**召開私人會議**。回顧羅傑的調解法，他顯然意識到談判者之間建立個人聯繫的重要性。他嘗試打造有益於合作的環境。第一次的努力，請談判者移師圓形會議桌雖然失敗了，但他並不氣餒，進而邀請兩位談判代表前往他的辦公室，在這塊中立地帶進行非正式會面。兩位領袖在這樣的環境中相談甚歡，熱切討論如何繼續推動談判。

**重塑大眾對衝突的印象**。深厚的私人情誼或許不足以確保談判者之間建立合作關係。

雖然勞資雙方代表私下在羅傑辦公室裡相處融洽，但他們仍維持敵對的公眾形象。兩人都不敢冒著被同一陣營視為叛徒的風險，公開揭露自己和對方多麼親密、相處起來多麼自在。然而，羅傑和兩位領袖都明白，雙方建立良好關係，兩邊陣營都能增強應付當前與未來問題的能力。

某些情況下，雙方領袖公開展現他們正攜手解決造成兩邊分裂的問題，不失為明智之舉。他們或許可以拍張顯示他們並肩而坐、一起解決共同問題的照片。（第二五三頁，厄瓜多總統馬華德〔Jamil Mahuad〕和祕魯總統藤森〔Alberto Fujimori〕並肩解決兩國國界爭議的照片，就是很好的例子。）或者，他們可以利用報紙或電子郵件發表聯合聲明，表達他們共同解決問題的決心。

**籌組專門應付特定議題的小組委員會。**勞方與資方領袖無意重塑他們的公眾形象，因為兩人都擔心揭露雙方的個人聯繫，會有眾叛親離的危險。在這種情況下，可以採取行動來化解兩邊的結構性對立，例如成立專門處理福利、工資、工作保障和其他分化性議題的小組委員會，由勞資雙方代表共同組成，一起激盪出有創意的辦法，解決雙方陣營的焦點議題。委員會會議可以私下進行，不會做出任何實質承諾。由於沒有做出約束性承諾的壓力，與會者可以產生結構性連結，更容易攜手解決問題，群策群力。長期下來，這些委員會的工作成果可以減輕結構性對立，提出有助於達成共識的建議。

除此之外，雙方領袖也可以為談判流程重新命名。「集體談判」（collective bargaining）是勞資雙方化解歧異時常用的方法。相較之下，立場式談判（positional bargaining）的假設前提藏在「談判」兩字裡，暗示談判是你爭我奪的敵對過程，只會產生下面類似對話：「除非你們降低休假時數的要求，否則我們不會提高福利」。簡單更名為「利益導向式談判」或甚至「聯合解決問題」，就能凸顯談判者之間不必然存在敵對關係的事實。

## 保護自己不被親和感操縱

到目前為止，我們一直鼓勵你建立強烈的親和感。然而，你對某個人的親和感愈強，愈可能傾向接受對方的一切要求，讓你陷入容易受傷的位置。

明智的決策必須理智與感情兼顧。你的大腦和內心都可以注入新的想法，並篩棄壞主意、挑出最好的構想。做出承諾之前，不妨再次徵詢理性思維與直覺感受。

### ▼理智審核提案

強烈的親和感可能引導我們做出錯誤決策。同事或許會用同儕壓力煽動我們做某件事。青少年經常用這種方法迫使朋友喝酒或抽菸：「大家都在抽菸。來吧，抽一根試試。」同樣地，談判對手也可能運用雙方的親和感對你施加壓力，迫使你簽訂協議。

我們是多年的老朋友、老同事了，我難得對你提出要求。拜託了，請你答應我。

你受到情感壓力。對方的提議或許無傷大雅，甚至可能對你相當有利。但是在你倚賴個人連結和親和感做決定之前，先停一停，冷靜地想清楚。事實上，你不妨在腦中（或紙上）準備一兩句話，以應付這類壓力：

我不能保證自己一定會被說服，但既然你開口了，我會抱持開放的態度再次想想，明天給你答覆。

做出一個糟糕的決定不僅對你不利，對方往往也蒙受其害。如果被誤導買下一輛不符合家用需求的車，你可能會後悔，覺得這輛車沒有想像中那麼好。你可能生自己的氣，因為你被「騙」去買了那輛車。這種情況對經銷商也不好。假如你跟別人訴苦這段經歷，壞了經銷商聲譽，經銷商很可能丟了日後的生意。

下決定之前，請運用理智、頭腦好好想想。如果打算買輛車，首先找出你喜歡的車款並蒐集基本資料：《消費者報告》（*Consumer Reports*）對這些車款的安全性、油耗量、可靠性和保固期有怎樣的評價？對於各個車款，網路上查到的售價是多少？你有什麼退路，你的最佳替代方案是什麼？如果沒有跟經銷商達成交易，可以去哪裡買車？這樣的價錢，可以買到哪一種車款？等幾星期再買的代價是什麼？

### ▼徵詢你的直覺感受

沒有必要過度懷疑每一個交流對象。事實上，戒心太高肯定會妨礙親和感，讓你無法拉近彼此距離來提高談判力。不過無論如何，你總得保護自己。制定重要決策之前，不能只依賴理智，也得問問感受。

不論決策來自朋友、平面或電視廣告，你的內心感受可以提供許多有用的情報。這句話適用於許多地方，不論準備買新車、換工作、開除某個人，或聘用新員工。思索這類重要決策時，你可以透過生理感受得到許多資訊。請教別人雖然很有幫助，但是反問內心感受的益處也不遑多讓。放輕鬆，別著急，開始思索下列問題：

- 對於即將做出的決定，我感覺如何？（害怕？開心？信心滿滿？〔停頓一段時間〕細細體會你的感受。）
- 如果拒絕，我明天早上會有怎樣的感受？（如釋重負？失望？挫折？〔停頓一段時間」閉上眼睛，問問你的內心。）

- 如果現在答應下來，我明天早上會有怎樣的感受？（這個決定是對的嗎？為什麼？）

理性思維與直覺感受的差距是很有用的指標，不過，二者的區別並非像言語那樣黑白分明。舉例來說，你判斷某件事感覺不對，那純粹反射你個人的情緒？還是因為你預先考慮了朋友與同事可能提出的批評，而對此做出了反應？換句話說，你與某個人的情感距離愈近，你對自己採取某項行動（例如你盤算要穿哪件衣服）的感受，愈可能不是你內心的情緒反應，而是你揣摩那個人可能產生的感受所做出的回應。所以，每當詢問自己的內心或直覺時，必須謹慎，不要被別人的感受取代了自己的感覺。只要同時運用理智與情感，就能保護自己不受親和感操縱，進而改善決策品質。

## 小結

增進親和感可以讓雙方的合作變得更輕鬆、更有生產力。親和感有兩大特徵：

- 結構性聯繫：這是你跟他人同屬一個團體而產生的連結。你可以尋找自己和對方的共通之處，或者創造新的連結，藉此強化雙方的結構性聯繫。
- 個人聯繫：這是凝聚你和對方的個人連結。你可以透過談論私事來縮短你和對方的距離，不過也要確保給予對方足夠的空間。

# 第5章
# 尊重自主權：擴大你的自主範圍，同時不侵犯他人空間

停止閱讀這本書。（現在就停！）

雖然你打算放下這本書，但八成不喜歡被人發號施令。正該如此。叫你聽命行事，我們侵犯了你左右決策並做出最終決定的自主權。

每個人都希望擁有一定程度的自主權。假設此刻一名警察拿手銬銬住你的雙手，手銬限制了雙手的活動。就算此時不需要使用雙手，手銬依舊侵犯了你的自主權。

當我們行使自主權的範圍愈大，別人愈覺得我們的行動侵犯了他們的自主權。資深企業律師「伊莉莎白」的故事就是個好例子。回想某一次談判經驗，她原以為那會是一次「簡單且兩廂情願的企業購併」：

我在兩位律師助理陪同下抵達芝加哥歐海爾機場，第一次和對方律師約翰會面。約翰獨自前來接機。看到我帶兩名年輕律師同行，他露出詫異的神色，顯然不太高興。

「我以爲，」他說：「這只是我們兩人的初步會面，主要是熟悉彼此，並根據我提出的議程制定計畫。很顯然，這會是一場曠日持久的談判。」

「但是，」我說：「最終協議的草約就是這兩位同事擬定的。我希望他們前來參與討論。」

「最終協議的草約！」他驚呼：「聽起來眞夠咄咄逼人。你帶了你的團隊，而他們帶了一紙草約？我們甚至連面都沒見上，你就做了這一切？算了，內人今晚將爲我們兩人設宴，到時候再談吧。」

「晚餐？抱歉，我不知道這件事，另外有約了。」

「我會打電話給內人，告訴她晚餐取消了，」他說：「那我現在邀請你跟我一對一開會，地點是我預訂的機場雙人會議室，就在樓上。我們到時候可以考慮是否擴大會議，讓你的兩位同事列席。」

「聽起來不錯，」我回答。

「不過當然啦，」他說，「我不知道現在是否還訂得到更大的會議室。」

顯然，這次談判出師不利。談判雙方都沒想過，單憑一己之力無法做出讓雙方都滿意的決策。就連雞毛蒜皮的後勤細節，都有可能迅速攪亂談判者的情緒。這通常不是某個人做了錯誤決定，而是因為他自做主張。身為談判者，如果你做的決定可能影響對方，而對方用下面幾種方式回應，你就麻煩大了：

「我不同意！」
「沒有人問我的意見！」
「我甚至沒接到通知！」

當別人將我們的自主空間局限在不合理的範圍，我們會憤怒。也許逼迫我們接受他們的要求：「這是我方的最後出價，接不接受，悉聽尊便。」也許試圖限制我們的思路：「別想退出這項交易，門兒都沒有！」或者，他們可能勸我們不要產生某種情緒：「生意丟了就丟了，沒什麼好難過的，看開一點。」

## 哪些障礙會妨害我們善用自主權

如果沒有善加管理自主權，可能會激發雙方的負面情緒，最終傷害了談判結果。以下是妨害我們善用自主權的兩大障礙：

## ▼過度限制己方的自主權

日常生活中，絕大多數人都有權利按照自己的喜好裝飾辦公室、決定午餐吃什麼，或決定何時上床睡覺。然而，對於如何在談判當中行使自主權，我們往往一無所知。我們可能會限制自己的自主權，覺得自己無力造成改變或影響他人。例如我們會這麼想：如果自己不是最終決策者，能對談判產生什麼影響？正如你一會兒將看見的，「沒有權限」也是一種力量。

## ▼侵犯對方的自主權

當兩方的自主權互相碰撞，感覺就像在沒有地圖導引的情況下穿越地雷區。行使自主權一旦出現差錯，可能導致整場談判脫離正軌。如果對方覺得自主權受到侵犯，會降低對我們的信任、不分青紅皂白拒絕我們的想法，甚至懶得履行「我們的」協議。

那麼，為了激發正面情緒，你需要：

- 擴大你的自主空間
- 避免侵犯對方的自主權

## 擴大你的自主空間

自主權的作用，主要在於左右決策的能力。許多人誤以為，沒有最終決策權就完全使不上力。同樣地，如果其他人沒有決策權，我們也認為他們沒有用處，不值得打交道。既然出現在會議上的低階人員沒有資格做決定，為什麼要跟他談判呢？當我們代表客戶談判，假如沒有權力做最後決定，我們又何必跟對方開會呢？我們可能會擔心別人認為我們的想法薄弱無力，把我們當成「弱者」。

不要過度限制你的自主空間。就算沒有決策權，仍然可以透過許多有效方法影響決策。你可以提出建議、在決策前提出其他方案，或舉辦聯合腦力激盪，邀請大家集思廣益。

### ▼提出建議

除了自己，沒有人可以限制你提出建議。如果你不滿意公司處理問題的方法，不妨提出一些有用的建議。不要約束創意思考能力，也不要限制處理問題的方式。可以想想：

- 我想要處理什麼問題？
- 我希望影響誰？
- 我可以提出什麼建議？
- 我如何將建議傳達給決策者？

## ▼在決策前提出其他方案

左右談判結果的能力，不見得取決是否有權制定具有法律約束力的決定。你可以透過腦力激盪，提出日後可能需要制定的種種決策。最好的情況是能夠暢所欲言，也不必擔心自己說的話會被當成未來承諾。正因為你無權制定具有法律約束力的決策，你有更大的空間激發新的構想和新的可能性。由於你的言論沒有破壞威信的風險，無須擔心讓自己或客戶陷入錯誤的決策而無法脫身。

羅傑追憶他在伊朗人質事件期間如何擴張自己的自主權：

一九七九年秋，美國駐德黑蘭大使館被攻占。絕大多數外交官和美方工作人員遭到挾持，長達數月之久。一九八〇年春，時任總統卡特試圖以直升機營救人質，最後無功而返。

不久後，白宮法律顧問勞伊德．卡特勒（Lloyd Cutler）打電話給我，請我想想辦法處理人質危機。卡特勒明白表示，我無權制定任何具有約束力的決定，另外，一天二十四小時我都可以透過白宮總機找到他。卡特勒明白，若由政府官員出面跟伊朗人商量解決辦法，他的任何說法都會被視爲白宮的眞正意圖，不論說什麼，都會被解讀成討價還價，伊朗人肯定在此基礎上要求更多。

身爲一名大學教授，服務於一家非營利的小型民間組織，我完全沒有包袱。我認爲自己的使命，是設法提出雙方都能接受的一套解決方案。

透過一位伊朗學生牽線，我跟當時伊斯蘭共和黨領袖貝赫什提長老（Ayatollah Beheshti）通上電話。貝赫什提的英文非常流利，而且顯然對我略有所知，態度出奇親切。我們的對話大致如下：

羅傑：「伊朗的訴求是什麼？你們希望得到什麼？」

貝赫什提：「我告訴你我們不要什麼。我們不要紐約法庭干涉我們的金融債權。」

羅傑：「那你希望由誰解決金融糾紛？伊朗法庭？」

貝赫什提：「那倒不是。交給海牙國際法庭仲裁如何？」

羅傑：「你覺得伊朗會接受仲裁結果嗎？」

貝赫什提：「此刻，我承諾伊朗會接受海牙的仲裁。你能承諾美國也會照做嗎？」

羅傑：「我說過，我沒有任何權利代表美國政府做出承諾。不過，如果我們可以提出一套解決方法，我隨時準備好向白宮進言。伊朗還希望得到什麼？」

貝赫什提接著提出一連串議題，這些議題若是跟美國外交官討論，雙方免不了打官腔。不過，跟我談論的過程中，潛藏在立場底下的眞正訴求漸漸浮現出來。

貝赫什提：「必須終止經濟制裁。」

羅傑：「哎呀，給我幾個理由好向美國政府提議終止制裁。」

貝赫什提：「首先，我們已經受到足夠的懲罰。」

羅傑：「唉，卡特總統可以反駁說，懲罰是否『足夠』並沒有明確的標準。我需要更多論據。」

貝赫什提：「呃，繼續進行制裁有可能危害整個區域的穩定。」

羅傑：「請解釋這個論點。爲什麼會這樣？」

貝赫什提：「你明知故問吧？你的政府難道不明白嗎？」

羅傑：「我不清楚美國政府知道了什麼，但我確實不明白。經濟制裁爲什麼會危害區域穩定？」

貝赫什提：「爲了進口及出口受到制裁的商品，商人必須對國境一邊或兩邊的官員行賄。長此以往，我國與鄰國政府都將逐漸喪失邊境地區的控管。」

羅傑：「這是個好論點。再給我一個吧。」

貝赫什提：「讓我想想。噢，假如美國政府沒有在人質獲釋之前結束制裁，就永遠找不到更好的藉口了。」

羅傑：「我喜歡這個論點，我肯定會提出這個論點來說服白宮。」

羅傑明確表示，儘管他有機會接觸白宮官員，卻無權代替美國政府做出任何承諾。如此一來，羅傑的自主空間擴大了，他可以大膽探索訴求，提出一套可能的政治方案。羅傑可以暢所欲言，不必擔心說的話被當成某種承諾，或被視為透露美國政府某種秘而不宣的立場。比起有權制定具有法律約束力的決策，羅傑扮演非官方角色，更方便他催生協議的實質內容。同時，羅傑的非官方角色也讓貝赫什提得以放輕鬆交談，不必擔心做出代表政府的承諾。

把提出方案跟制定決策兩件事情切割開來，幾乎在任何談判中都很有用。以一對夫妻為例。假如凱特和史提夫打算買輛車，夫妻倆或許會決定讓史提夫單獨去看車、坐進車裡感受一下，並試開他最喜歡的一、二款車。

然而，史提夫明白，經銷商會對他施加壓力，迫使他買車。經銷商或許也會調查他的信用狀況、對他展開天花亂墜的推銷，或者設法套出他的購車預算。史提夫精明地告訴銷售人員，他不打算在妻子沒到場的情況下完成買賣。他將和妻子共同決定。如此一來，他提高了自主權，並在沒有過多的推銷壓力下自由探索車款。買車成了一樁樂事，過程不再緊張痛苦。

現在，史提夫和凱特從探索方案進入到制定決策階段。史提夫告訴凱特他喜歡哪幾款車，然後上網調查經銷商售價，在此同時，凱特打電話向其他幾家經銷商詢價。他們權衡各種車款的優缺點，以及經銷商對待史提夫的態度。畢竟，如果車子出了狀況，跟經銷商維持良好關係很重要。

接著，針對他們心儀車款開出較低售價的經銷商中，他們前往離家最近的一家。在此，凱特和史提夫研究了包括附加配備、價格和交車日期的套裝方案。一旦跟經銷商談出一套合理的方案，他們就會行使自主權，做出最終的決策：買下一輛汽車。

## ▼邀請大家集思廣益

擴大自主權的第三個方法，是邀請對方一起腦力激盪。過程中，你和對方一起探索各種選項但不做決定，然後修正這些方案，並從中挑出最適合的選項。不論談判為了商業交易或政府政策，如果你想嘗試與對方腦力激盪，請遵照下一頁表七的五個步驟。

即便在情緒沸騰的衝突中，例如離婚，聯合腦力激盪也有幫助。對於有子女的夫婦，離婚很可能涉及各種棘手問題與強烈的情緒。有孩子的夫婦和平分手時，雙方針對監護權展開，是最明顯的例子。探視時間、生活規矩、醫療需求、宗教薰陶以及上哪一所學校等決策，都是有待討論的議題。

夫妻離異時的最根本問題是：哪一方擁有為孩子做決定的自主權。這個問題很可能激起強烈情緒。離婚過程最後可能對夫妻雙方及子女造成多大傷害，取決於夫妻雙方是否花足夠時間共同討論，或者是否找一位調解人或仲裁者來協助他們腦力激盪。

## 表七 聯合腦力激盪的五大步驟

| |
|---|
| 1. 決定參與人選<br>• 選擇熟悉議題並且各有不同意見的6到12個人。<br>• 納入能夠接觸決策者的人。<br>• 邀請每位參與者以「個人身分」出席，而不是代表人身分。<br>• 如果參與者對話題抱持強烈意見，不妨安排一位主持人負責協調。 |
| 2. 探索訴求<br>• 兩邊的參與者分別盡己所能猜測對方的訴求，草擬一份清單。<br>• 雙方分享清單，並請對方給予回饋與修正。 |
| 3. 提出各種方案但不做任何承諾<br>• 明確表示：「本階段的發言一概不構成承諾。」<br>• 參與者提出可能滿足各方重要訴求的構想。<br>• 鼓勵瘋狂的構想（這方法可以激發出更好的構想）。<br>• 將所有構想寫在白紙或簡報板上，讓所有人都能看到。 |
| 4. 去蕪存菁<br>• 每個人分別提名最能滿足各方利益的構想。<br>• 全體共同選擇值得進一步討論的入圍名單。<br>• 全體共同錘鍊這些構想，使之成為可行的方案。<br>• 簡化各個構想，直到足以讓所有人一致通過。 |
| 5. 決定下一步<br>• 提名向哪些決策者推薦這些選項。<br>• 徵求向這些決策者傳達構想的志願者。<br>• 如果某些參與者本身即決策者，請求他們的意見：「我們可以做些什麼來幫助你下決定，讓你通過這項方案？」 |

當然，夫妻雙方可以省略複雜的腦力激盪過程，直接上法院訴請離婚。忙碌的法官或許會在短短幾分鐘內行使他或她的自主權同意訴請。然而，除了律師和稅務機關，這種做法或多或少對每個人的財務和情緒造成傷害。相關議題原本可以透過腦力激盪，以更明智且更不花錢的方式解決。但事到如今，離異夫婦、他們的子女和律師將會在這些議題上長年爭執不休。

在其他狀況中，組織或團體的成員可能不具備實質權限，或者他們把身分地位留在門外。透過腦力激盪過程，他們可以想出把建議傳達給特定決策者的方法，例如聯手或獨力寫一份備忘錄，或口頭告知決策者。

### ▼警語：自主權太大會令人手足無措

有時候，我們的問題不在於欠缺自主權，而是被太多選項或有待確定的決策壓得喘不過氣。前蘇聯談判專家維克多・克雷蒙約克（Viktor Kremenyuk）一次在劍橋的一家餐廳跟羅傑共進午餐。服務生遞了一份又長又複雜的菜單：

「您想吃點什麼？」

「你們有特餐嗎？我點那個就好。」

「肉要幾分熟？五分熟、全熟，還是微熟？」

「五分熟，謝謝。」

克雷蒙約克以為完成了點餐，轉頭跟羅傑說話。服務生接著問：「您要哪一種馬鈴薯？烤馬鈴薯、馬鈴薯泥，還是炸薯條？」

「烤馬鈴薯，謝謝。」他再次試著跟羅傑接續剛剛的話題。

「您要沙拉嗎？」

「好，謝謝。」

「哪一種沙拉？凱薩沙拉、科布沙拉，還是招牌沙拉？」

「招牌沙拉，謝謝。」

「您要哪一種沙拉醬？」

「你們有什麼就上什麼吧，謝謝。」

「油醋醬？俄式沙拉醬？藍紋起司醬？」

「隨便上什麼都好，謝謝！」

「您選什麼醬都可以。」

「好吧，藍紋起司。我們說到哪兒了，羅傑？」

服務生離開後，克雷蒙約克忿忿地說：「我有領差旅費，這頓飯算我的。即便我的朋友都不會讓我爲了吃頓飯如此大費周章。在莫斯科，特餐就是特餐，沒那麼囉嗦。」

和其他核心欲念一樣，對於自主權，我們也希望獲得適當程度的滿足。只是，自主權不見得愈高愈好。做太多決策有可能讓人不堪負荷。

## 不要侵犯對方的自主權

很多時候，我們擁有決定權，卻忘了把決策內容涵蓋到的相關人士納入決策過程中。不讓他人參與決策，我們犯了侵犯他人自主權的風險，並且必須應付他們必然會出現的憤怒與怨恨。

談判者經常忽略單方面決策會造成的情緒影響。如果對方逕自宣布：「下次會議在我的辦公室舉行，時間是星期四上午十點，」我們應該會大吃一驚。他們專注於這項決策的益處，卻忽略了制定決策的過程。對方的辦公室也許是開會的最佳地點：在自己的辦公室開會，當事人可能更自信、更坦然，也意味著客人可以自由選擇離開的時機。然而，令人惱火的並非決策內容，而是達成決策的過程。我們是否參與了決策過程？是否被排除在外？這個問題的答案不僅影響我們對這項決策的感受，還會影響與對方共事的感受。舉個例子說明：

羅傑及夫人凱莉，一次開車北上佛蒙特州參加朋友的生日派對。途中，他們停下來買花當做伴手禮，一共買了兩盆昂貴的盆栽。店員表示當天有促銷活動，凡購買金額達二十五元，即可獲贈一打玫瑰。羅傑提議把兩盆盆栽分開結帳，這樣就可獲得兩打免費的玫瑰。店員欣然同意，羅傑因此獲贈兩束玫瑰。

羅傑付帳的時候，凱莉抱著玫瑰穿越馬路，循著停車的方向走去，碰巧遇見幾位好朋友，他們幫凱莉把花拿到車上。羅傑追上他們後，伸手準備接過朋友手上的花，卻發現妻子已經把「他的」這束玫瑰送給對方了。他笑了笑說：「好極了」，心裡卻感到不快。

重新上路後，羅傑嘗試找出妻子的決策讓他如此不快的原因。把花送給朋友無疑是順理成章的事，假如事先詢問他的意見，他肯定會同意。但是他沒有被事先徵詢。在他看來，這兩打玫瑰花顯然是他發起談判、跟店員商量出來的成果。凱莉單方面決定送走一半的玫瑰花，絲毫沒有想到他可能有其他打算。

羅傑總結，他之所以生氣，是因爲妻子的行動侵犯了他的自主權。他認爲，這些玫瑰的處置方式應該由他決定，或至少必須先徵求他的意見。一找到憤怒的根源，他的怒氣隨即煙消雲散。

如果人們會被如此無足輕重的小事激怒，不難理解談判者因為別人單方面做出決定而氣憤難平。決策不分大小，甚至可能是關於在哪裡開會、何時開始、午餐訂哪種三明治，或者何時結束會議。比起決策的內容，談判者的單方面行動，更有可能激起另一方的負面情緒。

## ▼做決定之前盡量征求對方意見

我們的建議是，時時刻刻提防做出侵犯他人自主權的行為。最簡單的辦法是先商量再決定。凱莉可以暫緩把玫瑰花送給朋友，等羅傑到了之後，再把他拉到一旁詢問：「我們送一打玫瑰花給莉姿好不好？」

做決定前先徵求他人意見有三大好處：對方會覺得自己參與了決策、你或許可以從商量過程中學到一些東西，而且你仍然保有否決權。跟別人商量不代表賦予他們左右決策結果的權力，而是給予提供意見的機會。

然而，徵求別人的意見也有缺點。羅傑跟妻子討論後，決定採用「先商量再決定」的做法。幾天後，妻子卻說：「你知道先商量再決定的做法有什麼麻煩嗎？那意味著拖拖拉拉，一事無成！」

她說得對。我們必須在「自作主張」和「花太多時間商量」之間取得平衡。我們教過的學生修正這條法則為：「盡量先商量再決定」。除了最緊急的狀況，這條法則幾乎適用於任何情況。

## ▼邀請「隱形」利害關係人提供意見

並非每個人都能坐上談判桌。所有利害關係人都參與談判的情況並不常見。兩位政治領袖達成的經濟協議，影響著數百萬人民的生計。勞資雙方十幾位談判代表做出的決定，左右著數千名工會成員與管理者的命運。父母二人選擇的度假地點，決定了一家八口人的假期。

如果忽視這些隱形利害關係人的自主權，可能引來麻煩。組織成員如果不「買帳」，或許會出言批評組織、不願意出力執行他們在合同裡扮演的小角色，甚至暗中破壞。舉例而言，美國消費者可能不願意向透過談判取得第三世界廉價勞力的企業購買商品；工會成員如果爭取不到期望的加薪，工作態度可能變得馬馬虎虎；子女如果沒有被事先徵詢想去哪裡玩，可能整個假期都悶悶不樂。

雖然決策不見得直接衝擊某個人的地位，卻可能對他的生活造成重大影響。員工可能酸溜溜地說：「我剛拿房子辦了二胎貸款。假如公司完蛋了，我的工作也跟著完蛋。公司高層為什麼不事先對我吐露實情？還有，我的屬下對自己的前途憂心忡忡，我現在該怎麼對他們說？」如果感到焦慮與怨恨的員工人數夠多，就會造成工作團隊士氣低落，進而導致企業倒閉。

因此，尊重隱形利害關係人的自主權，是一種有益的做法。但如果要跟成千上萬的組織成員或員工談判，或許太吃力了，就連跟一屋子的孩子商議旅行地點，也可能讓人招架不住。不過，你可以徵求他們的意見，無論如何，你都可以將目前正在考慮的選項告知他們。

**徵詢利害關係人**。請利害關係人針對即將制定的決策提供意見。你可以建立一套系統，讓利害關係人把他們的建議發到特定電子郵箱、意見箱或打電話給指定人選。你也可以成立利害關係人諮詢委員會。舉例而言，假設一家全國連鎖藥妝店的執行長，正和各分店店長進行展店政策的談判。制定決策之前，執行長可以成立諮詢委員會，由收銀員、藥劑師、企畫人員和門市經理組成。執行長指示委員會成員針對談判中的關鍵議題蒐集同事的意見，並將他們蒐集到的訊息呈報諮詢委員會。該公司可以在全國各地成立好幾個類似的委員會，最後彙總各方建議，傳達給執行長。

不論哪一種制度，要求人人提供建議似乎不太可能。然而，你可以製造參與決策的氣氛，讓人們覺得就算沒有最終決策權，他們仍然有表達意見的權利。

**知會利害關係人**。你可以盡可能把已知的決定告知利益相關者，以此尊重他們的自主權。在適當的情況下，可以告訴他們目前正在制定哪些決策。如果不可行，則在制定決策之後立即知會他們。

好比說，為了因應新修訂的政府法規，上述的連鎖藥妝店可能需要修改政策。雖然執行長明智地徵詢了律師和公司高層的意見，但也許沒有足夠時間成立諮詢委員會，把每一位員工的建議納入考量。這種情況下，執行長可以在修改政策之後，第一時間將修改的內容，以及必須修改的理由告知全體員工。

透過徵詢他人，我們得以調整決策，設法滿足各方利益。而且，僅僅靠著知會他人這個簡單的行動，就能讓政府、家庭和企業避免因為忽視利害關係人的自主權而導致危險。

### ▼企業購併對員工的影響

很多時候，高層忽略了員工自主權在企業購併後出現的變化。

某兩家公司的董事長見面相談之後，確信合併能帶來龐大的經濟效應，因此決定展開購併。他們共同決定由誰擔任新公司的董事長、誰擔任執行長、兩人各拿回多少錢、一家公司用多少錢買下另一家公司的股權，以及新公司的名稱，然後向媒體發布購併消息。

多數購併行動以失敗告終，這個案例也不例外。

雖然兩位董事長正確估算了企業合併的潛在經濟效應，但他們沒有考慮這類購併行動會導致的情緒問題。當然，他們擁有探討這些議題、集思廣益並採取預防措施的自主權。

然而，他們並未妥善運用。

如果董事長曾廣納建言，他們原本有機會得到許多寶貴意見，畢竟雙方各階層員工的自主權也很重要。由於兩家公司的職稱與薪資水準並不一致，內部文化關於禮節規範、服裝要求、辦公室門是否敞開或關閉，以及是否直呼每個員工的名字也大相逕庭。這種種牴觸引發了員工極大關切。許多人原本可以參與決策過程，協助化解雙方的差異。只是，他們的自主權和情緒受到忽略，以至於大量員工心懷不滿，導致購併行動慘遭失敗。

## ▼運用「知會、徵詢、協商」桶子系統，確立決策指導方針

評估與制定決策的過程中，每個人擁有多大的權限才算「合理」？對此，我們往往意見不一。談判當中，若能按照性質將決策分別放入三個「桶子」，不論上司、配偶、合作夥伴或談判對手的自主權都能得到保護。這三個桶子分別是知會、徵詢與協商。

幾年前，一家位於劍橋的小型談判顧問公司，一位合夥人獲邀擔任該公司總經理。公司共有十幾位合夥人及另外數十名員工。鑒於合夥人為數眾多，很快就有人提出總經理的決策權限問題。公司應該怎樣制定指導方針，確立總經理的決策權限？

接連幾週，總經理將他遭遇的諸多決策記錄下來，然後與其他合夥人開會討論。總經理一一陳述他和公司必須制定的各種決策，請合夥人分別伸出一根、兩根或三根手指，指

示各項決策應放入哪一個桶子。令人驚異的是，對於每一項議題應該落入哪一個類別，合夥人幾乎眾口一致，毫無異議。

**桶子1：知會**。這些是總經理可以自行決定，然後知會全體員工的小事，例如購買新的辦公家具，或聘用辦公室職員。

**桶子2：先商量再決定**。第二個桶子是總經理有決定權，但必須先跟其他合夥人商量的重大議題。與哪些人商量由他決定，但必須是熟悉該議題的合夥人，例如公司是否接受菸草公司這類不名譽客戶的委託。決定之後，他必須立即告知全體合夥人。

**桶子3：共同協議**。落入第三個桶子的，是總經理必須與合夥人協商、取得公司絕大多數人同意的重大決策。每一位合夥人都希望參與這類「重大決策」，例如遴選新合夥人，或把辦公室遷移到新的大樓。

對於勞資雙方的談判代表，或者必須長期共事、一再面臨類似決策的人，這三個桶子是很有用的工具。這套方法除了幫助合作雙方避免觸犯彼此，同時不必為了時時需要取得共識而陷入癱瘓。

即便情況只涉及兩個人（例如人際關係），桶子系統也有助於制定各種決策，從處理金錢到社交計畫等等，不一而足。丹尼爾還記得：

我們的結婚紀念日即將到來，我打算給妻子驚喜，帶她到一家法國餐廳吃飯慶祝。星期六到了，我跟米雅透露我的計畫，她的反應卻讓我大吃一驚。她已經跟幾個閨密約好出去狂歡，只是還沒告訴我。浪漫之夜的計畫一下子破滅了，我們都很失望。我們討論未來如何避免出現這樣的憾事，決定用桶子系統回答幾個關鍵問題：

- 一星期哪幾天，我們可以自行安排活動？（桶1）
- 哪幾天應該先問過對方意見再做計畫？（桶2）
- 哪幾天應該共同制訂計畫？（桶3）

我們最後決定，週間的白天可以各自安排，晚上若有活動則必須先詢問對方意見，週末的計畫就需要共同決定。

在處理金錢議題上，桶子系統也同樣有效。夫妻當中若有任何一人自作主張花了對方認定的一大筆錢，必然會挑起情緒，而且通常是負面情緒。把這類財務議題進行分類，肯定會有幫助。例如，除非兩人都同意，否則不得購買超過一百塊美金的東西。事先針對高單價的購買進行腦力激盪，可以消除許多棘手的金錢問題。然而，若要保護自主權，最簡單也最基本的法則，就是「盡量先商量再決定」。

## 回歸芝加哥談判案例：自主權遭侵犯時該如何處理

還記得那位飛到芝加哥進行例行商業談判的企業律師伊莉莎白嗎？我們在本章開頭提到她的窘境。她發現她跟約翰的自主權相互牴觸，衝突愈演愈烈，導致兩人一見面就劍拔弩張。我們可以給予什麼建議，幫助她更有效地處理自主權問題？

### ▼事發當下

面對突如其來的緊張互動，伊莉莎白仍竭盡所能維繫她與約翰的工作關係。聆聽他說話，沒有拉下臉默不做聲、轉身走開，也沒有指控他故意刁難。她表明自己希望兩位同事參與討論，也說明當天晚上另有安排。儘管如此，她跟約翰的互動似乎迅速失控。兩人言語交鋒，誤會與猜忌愈來愈深。

首先，伊莉莎白可以運用自主意識讓自己冷靜下來。說話或行動之前，不妨先停頓一下，深呼吸。她可以藉由上洗手間暫時離開，花幾分鐘思索如何把談判拉回正軌。

梳理核心欲念清單之後，伊莉莎白很快會發現自己侵犯了約翰的自主權。她的兩名副手、晚餐計畫和草擬的合約，令約翰大感意外。這些決定並沒有「錯」，只是約翰覺得在這些議題上，他起碼有部分發言權，伊莉莎白似乎侵犯了他的決策空間。

伊莉莎白可以考慮為自己製造的混亂道歉，同時讓約翰明白她沒有惡意，並且表示她已經意識到侵犯對方自主權所引發的情緒波動：

> 我很抱歉我的行動讓你產生誤會，我只是想盡可能多做一些。不過，我應該先告訴你會帶兩位副手同行，而且我們已經草擬了一份協議。
>
> 爲了讓談判順利進行，伊莉莎白可以詢問：「今天接下來的時間該如何安排，你有什麼建議？」

如果她夠聰明，就會仔細聆聽並認可約翰的想法，讚揚她從中聽到的可取之處。如果他不置可否，伊莉莎白可以提出一個不傷害雙方自主權的日程建議：

> 我並不打算在今天簽訂任何協議，我更有興趣的，是挖掘滿足雙方訴求的可能方案。所以，你何不瀏覽這份草約，挑出其中需要商議之處，我們可以按照你的想法增減內容。等到正式會談，我們或許可以邀請我的副手與會，如果你願意，也可以請你的同事參加。預計午後不久，我們就可以擬定後續的行動方針。你覺得怎樣？

藉由表達約翰可以照自己的意思增減議題，伊莉莎白擴大了約翰的自主權。他可以提供意見修改協議，不必將草擬的協議視為最後定案。當她再建議約翰邀請幾位同事與會，約翰的自主權更進一步擴大了。最後，藉由詢問「你覺得怎樣？」伊莉莎白無疑表明自己願意與約翰一起商量接下來的相處方式。

### ▼後見之明

現在，我們來回答一個簡單的問題：事後看來，從伊莉莎白跟約翰打交道起，她可以採取哪些不同的做法來激發正面情緒？

伊莉莎白帶著兩名副手飛往芝加哥之前，只要先徵詢約翰的意見，場面就不至於如此難堪。另外，先跟約翰談過再草擬協議，才是明智之舉。所以出發前幾天，伊莉莎白可以打電話告訴約翰：

> 如你所知，我只準備在芝加哥待一天。我在想，如何能讓我們的協商更有效率。雖然我們雙方都沒打算在這次行程中簽定協議，但我認為一份協議草案可以幫助我們專注處理關鍵議題。我可以要求我的兩位同事草擬協議，寄給你過目。或者，你傾向由貴方準備草案，然後寄給我們？
>
> 無論哪一方擬定草案，會面之前，我們都可以更深入理解有待討論的重要議題。

> 你是否有其他同事協助你處理這樁商業交易？雙方各帶一兩名副手，是否對我們的初次協商有幫助？
>
> 至於當天的行程，我想我們或許需要分秒必爭。我會在上午九點半以前抵達機場，無論你想工作到多晚都行，不過，可能的話，我也希望去找幾位朋友共進晚餐。你覺得怎樣安排比較妥當？

請注意，藉由邀請約翰起草協議，伊莉莎白增進了兩人之間的信任。如此一來，他沒有理由認為伊莉莎白主動起草合約的行為別有用心。不論草案最終是否由他擬定，雙方顯然都能針對草案提供意見。

接著是帶副手隨行的議題。當她帶著兩名副手出現，約翰的驚訝可想而知。他獨自站在那裡迎接伊莉莎白，卻發現她帶了一群隨從。約翰可能頓時覺得自己矮了半截，甚至覺得受到利用，彷彿她企圖展現強勢陣容給他一個下馬威。的確，伊莉莎白有權帶同事隨行，他們也的確能在談判過程中為她出謀畫策。然而與約翰會面之前，她確實必須事先說明。如此一來，伊莉莎白保留了是否帶副手隨行的自主權，也表達了對約翰的尊重，讓他從容迎接對方抵達。說不定，他也決定帶上一、二名副手。

不論約翰是否因為雙方人數失衡而覺得受壓制，他還有其他實際問題需要考慮。如果他開跑車來接伊莉莎白，可能沒有空間載另外兩位同事。晚餐的訂位也需要修改才能容納多出來的兩個人。他為了當天行程的舒適與效率做的種種安排，如今都需要重新調整。事先通知這樣的簡單動作，就可以省下很多情緒困擾，激發各種有益的情緒。

## 小結

每個人都希望擁有適當程度的自主權。如果自主權被侵犯，不論是否故意，我們往往會出現負面情緒。反之，如果自主權受到尊重，我們做起事來會更帶勁。談判過程中，請力求：擴大你的自主權。不論你有多大的權限，你都可以在決策之前提供建議，或提出其他方案。邀請對手腦力激盪是挖掘雙贏方案的實用方法。

避免侵犯對方的自主權。不論對方是同事或隱形的利害關係人，你都應該先商量再決定。若要釐清決策權，你可以跟同事一起實施「知會、徵詢、協商」桶子系統：哪些議題可以自行決定？哪些應該先商量再決定？哪些需要共同決定？尊重人們對於自主權的核心欲念，就可以激發對方和你的正面情緒。

第6章

# 承認地位：認可對方的過人之處

一位中年男子因胸痛入院治療。醫生認定他心臟病突發的風險很低，因此把他分配到普通病房，裝上心律監測器，由一位護士徹夜監控儀器。到了早晨，一名年輕醫生走進病房，匆匆看過病人的病歷，並跟他交談幾分鐘。

護士告訴醫生，「大約午夜前後，我發現他的心律出現異常，你也許可以考慮送他進加護病房。」

「病人今天早上說他覺得好些了，」醫生回答，「我沒有理由因為一點點心律不整就把他送進加護病房。」

「可是醫生，這得花一點時間才能……」

「你治療過幾個心臟有毛病的病人？」醫生突然大聲嚷嚷，「我檢查過這個病人，下了診斷，也制訂了治療計畫。現在，去把單子塡好。」

護士默不做聲。她覺得提供醫生毫無用處的訊息實在很愚蠢，也因爲醫生貶低她的建議而覺得氣憤。醫生離開後，她想起病人午夜時曾出現一路蔓延到手臂的劇烈胸痛，但她認爲把這項訊息告訴醫生也無濟於事，因爲他心意已決。

最終，醫生堅持自己的判斷，護士不再多置一詞。幾小時後，病人經歷一次嚴重的心臟驟停，專門的心臟復甦團隊花了十分鐘才趕到病房。病人挺了過來，但終身都必須仰賴維生系統。

簡短的互動為何導致如此不堪的後果？核心欲念中的「地位」需求在其中起了重大作用。地位指的是我們相較於他人的身分，如果地位受到貶低，我們會覺得難堪、丟臉或氣餒，進而導致不理智的行為。在醫院的例子中，護士隱瞞了額外訊息，醫生也沒有進一步查問護士觀察到的現象，以致病人險些因為突發心臟病而喪命。

## 地位可以強化自尊心與影響力

也難怪人人都想得到地位。這則故事告訴我們，擁有地位能夠帶來極大的價值。地位可以提高自尊心和別人對我們的評價。每個人都希望自己是個「大人物」：擁有一股不容小覷的力量、一個值得重視的聲音、一位必須認識的人物。不論地位來自我們所受的訓練、成就、家庭背景、工作或職位，每個人喜歡受人推崇和自我肯定的感覺。

較高的地位也會讓我們的言論和行動更有分量，可以運用地位來影響他人。假如週末加班是執行長提出的私人請託，而不是中階經理的要求，員工可能更樂意加班。正如從前一家券商的格言：「大老闆一開口，全體員工莫有不從。」

## 沒有必要爭奪地位

談判者經常互相爭奪地位，彷彿地位只有單一面向，如果其中一人的地位高，另一人的地位想當然比較低。我們常認為自己的重要性、階級或聲望比同事更高一籌，但同事可能不以為然，反而認為自己排在我們之上。

談判者甚至要心機來取得較高地位。他們可能邀請你到他們的辦公室開會，卻讓你在外頭枯坐十分鐘，等到他們送走一位「重要」客戶，才把你迎進辦公室，請你坐在低矮的椅子上仰視他們。

地位競爭往往會勾起負面情緒。被打壓的人會心懷不滿，變得不願意配合。以居高臨下的態度對待他人，往往會打擊對方的創意思考能力與合作意願。

本章將說明在爭奪地位之外還有另一種選擇。第一部分提醒讀者留意人們的社會地位（social status），以便判斷對方期待你展現何種程度的禮節。第二部分顯示不論對方的社會地位高低，每一個人基於自己的專長與經驗，都會在某領域享有較高的特定地位（particular status），你可以運用特定地位來提升對方和你自己的自信。第三部分則教讀者如何提高地位，以及避免因為自己的失誤或對方的貶損而降低地位。

## 社會地位：尊重每一位談判者

所謂的社會地位，是我們在別人眼中的重要性與知名程度。這是衡量一個地理區內（例如社區、組織、城市、國家或全世界）每個人相對地位的單一標準，放諸四海皆準。搖滾歌手的名聲可能遍及全球，而地方警長的威望則可能止於該縣的邊界。

在全球範圍內，社會「告訴」我們哪些人是重要人物，哪些人無足輕重。占據社會階級頂端的是各式各樣的VIP（非常重要人物）：皇室貴族、總統、電影明星、首相，以及擁有巨大財富或功成名就的人。社會階級底層則是被剝奪權利的窮人、失業者和無家可歸的遊民。其餘眾人大都落在二者極端中間。

在組織範圍內，工作同仁對待彼此的方式，往往視對方在企業階梯上的位置而有不同。執行長在同仁眼中也許如電影明星般耀眼，而底層員工則可能連基本的認同都難以取得。

人們通常對自己的社會地位很敏感，即便一對一的談判也不例外。談判者往往會衡量他們與對方的相對社會地位，設法搶占較高的位置。他們可能會提起自己畢業於哪一所大學、上星期參加過哪一場重要活動，或者最近獲得怎樣的重大升遷。他們會試圖壓過對方的社會重要性，或者對這項議題故做不屑一顧的姿態。

## ▼留意社會地位

談判過程中，人們為了暗示自己希望享受怎樣的待遇，往往會透露特定訊息，向你表明他們怎麼看待自己的社會地位。社會地位很高的人，例如企業總裁或某國大使，可能希望受到特殊禮遇。雖然事實不盡然如此，但我們必須時時警惕，隨時察覺對方露出的徵兆。只要稍做功課並用心聆聽，你就可以得知人們認為自己擁有多高的社會地位。

仔細聆聽他們如何描述自己。談判者是否談到他在耶魯上過的某一門課？是否提起上星期和他共進晚餐的重要人士？是否暗示他在一家名聲顯赫的大企業裡位居高層？

語言往往提供了最明確的線索，說明一個人如何評估自己和他人的地位。留意拿捏讓人們覺得自在且受到賞識的語言尺度。有些人希望別人直呼其名，有些人則喜歡以頭銜相稱，例如博士、警官或教授。

幾乎所有文化都一樣，我們對某個人傳達的字眼，透露了那個人在我們眼中的社會地位。好比在法語中，說話者以「vous」指稱「您」，比使用比較不正式的「tu」展現了更高的敬意。在某些文化中，低階談判者直呼高階人員的姓名，則被視為冒犯。（如果心有疑慮，比較保險的做法通常是先以正式的名號相稱，等對方邀請你採用比較隨意的稱呼。）

你可以請對方直接稱呼你的名字，藉此營造親善氣氛，並詢問對方希望如何稱呼。研究生通常被要求以姓氏加頭銜稱呼教授。一位學生表示，當導師對他說，「拜託不要叫我史密斯教授，叫我約翰就好，」他不知多麼開心。禮節儀式的變化，意味著兩人之間的關係出現了改變。在教授眼中，這名學生已透過勤奮向學和他們之間的良好關係提高了自己的地位。

如果你的社會地位高於另一個人，他或她很可能希望藉由與你合作，間接取得某些地位。對於人脈的渴望，往往促使對方全心追求談判勝利，以便建立更長遠的關係。與老練的談判者或名人合作，能夠大幅提升一個人的社會地位。

你的社會地位高低，往往也視團隊、組織或群體內部的價值體系而定。好比在某些網路公司，資深員工就不比年輕人吃香。在如此快速變化的領域，擁有五十年企業管理經驗的高階主管，在公司眼中，可能還不如一名渾身散發創意、且熟知最新電腦科技的二十三歲社會新鮮人來得重要。

## ▼以禮對待每一個人

一般而言，提起某個人的地位，首先想到的就是社會地位。如果對方是個大人物，我們會自然而然以禮相待。然而，若要取得正面情緒的最大利益，我們建議以禮對待每一位談判者，不論對方擁有怎樣的社會地位。身為人，每一位談判者都擁有尊嚴，值得我們尊敬。

一點禮數可以發揮驚人效益。丹尼爾為一家《財星》五百大企業提供諮詢服務時，得知該公司執行長的行政助理曾遭二、三名員工無禮對待。他們對她視若無睹、出言不遜，而且沒有邀請她參加與工作相關的派對。工作幾年後，這名行政助理嫁給了執行長。一夕之間，每個人都想參加他們家舉辦的派對。如今，她可以接觸到組織內每一位關鍵決策者，人人都想巴結她，當她的「親密摯友」。可想而知，她會特別關照那些自始至終對她以禮相待的員工。

謙恭有禮並非只是嘴上說說「請」或「謝謝」，而是要真誠尊重你的交流對象。執行長的行政助理告訴丹尼爾，如今雖然許多人對她彬彬有禮，但她可以輕易分辨哪些人是真心尊重她，哪些人純粹想利用她而已。

# 術業有專攻：承認每個人在特定領域應得的地位

你擁有的相對地位不僅僅建立於社會地位之上，也取決於你在特定領域受的評價，包括你的自我評價以及他人對你的評價。不論你是否擁有較高社會地位，你都可以基於特定專長、經驗或教育而受推崇。我們把個人在各領域的威望稱為「特定地位」。舉例來說，你或許擅長汽車維修、房屋修繕或建立商業網絡；或許可以用樂器彈奏美妙的樂章、寫出擲地有聲的文章、將道德議題分析得鞭辟入裡；或許在談判的相關領域上擁有豐富知識。

幸運的是，可以用來評估地位的領域五花八門，不下數百種。每個人都在某個特定領域擁有相對過人之處，而在其他領域稍微遜色。一名失業的木匠很可能是蓋房子的專家；醫術高明的醫生很可能對行政作業一竅不通。人們可以在無數的特定領域取得較高地位，這也代表你至少可以在某一個特定領域勝過其他人。同樣的，另一名談判者至少會在某個特定領域比你更優秀。

## ▼尋找每個人擅長的領域

你愈清楚對方如何看待自己的地位，愈容易激發他們的正面情緒。你會知道他們對自己有怎樣的看法，以及他們看重哪些身分特徵。人們可以在下面幾個領域享有特定地位：教育程度／電腦技能／商場歷練／技術能力／全局思考力／烹飪技術／人脈／品格／社交能力／生活經驗／洞察情緒的能力／各種專業技能／力氣／運動能力。

身分地位的有形指標，如名聲、財富與時尚，往往遮蔽了比較不光鮮亮麗但可能更重要的特定地位，而在談判過程中，這些領域至關緊要。談判對手可能在無數領域享有崇高地位，以下兩個問題可以幫助我們挖掘對方擅長的特定領域：

**在實質議題上，你們當中是否有人堪稱專家？**實質議題指的是談判內容。你們的談判可能是關於一輛新車、一片土地，或是一次加薪。和對方見面之前，先設法熟悉談判的實質內容，例如透過網路搜索相關訊息、詢問朋友，或者打電話給販賣類似產品的商店，請求他們針對你即將展開的談判給予忠告。

對方熟知實質性議題對雙方都有益處。舉例來說，假設你跟鄰居協商，打算購買他的二手電腦。透過詢問對方有關電腦的問題，你可以學到很多寶貴知識。他告訴你，他是個電腦程式設計師，已有十年工作經驗了。這顯然證明他是個電腦專家，在電腦領域擁有一定的地位。你詢問電腦的記憶體容量、速度，以及這台電腦與其他新款電腦相較的優缺點。你的好奇心滿足了他的地位需求，激發了他的正面情緒。他因為擁有優越知識可以幫助你針對談判的實質內容達成共識而感到滿足。

然而，完全仰賴賣家為你解惑，無疑讓自己陷入任人壓榨的危險。做好充足準備永遠是明智之舉。你當然希望在做出具有法律約束力的承諾之前先做一些功課，例如徵詢其他專家的公正意見，好比你們公司的電腦技師。無論如何，請教了賣家之後，你對實質議題以及賣家本人有了更深的了解。而且，透過談論對方擅長的話題，你也拉近了雙方的距離。

**關於談判流程，你們當中是否有人堪稱專家？**在任何談判中，協商過程的安排是一項重要議題。舉例而言，有效的流程通常會在簽訂具有法律約束力的協議之前，先釐清雙方利益，並運用腦力激盪挖掘各種方案。愈懂得安排談判流程的人，在談判領域的特定地位就愈高。如果雙方都不擅於安排有效率的談判流程，不妨好好討論，多詢問對方的意見。（關於如何制定良好的談判流程，請參考第九章的建議。）

我們不是要讀者盲目信任他人，信任與否必須視個案的狀況而定。然而，在你決定要對他人付出信任之前，請記得，過度信任有可能吃虧，過度猜忌也同樣會付出代價。

## ▼先承認對方，再肯定自己

人們可以在許多不同領域取得特定地位的事實，讓你的工作變得簡單多了。你不需要跟其他談判者競爭第一，每個人都有勝過他人的獨特經驗與專業技能。只要一點點創意，你就可以找到雙方的過人之處，彼此各擅勝場。

舉個例子。一所常春藤盟校的經濟系有意透過專欄文章、簡報和採訪，推廣該系所的研究成果。系辦公室聘了一位名叫「喬治」的編輯，協助該系最卓越的教授撰寫報紙專欄文章。該教授素有聰明傲慢的名聲，喬治立刻面臨挑戰：我如何肯定教授的地位，而不貶低自己的身分？喬治不希望跟瞧不起他的人天天共事。經過一些創造性思考後，他有了一個主意。和教授初次見面時，他說：

很榮幸與你共事，我覺得我們都能爲增進雙方的合作做出貢獻。你有經濟學的專業素養，在我看來，你是這個領域的權威。而我的專長，則在於判斷專欄的「普通讀者」能讀懂哪些內容。

如此一來，喬治肯定了教授在經濟學領域的權威地位外，也確立了自己判斷一般讀者能否讀懂專欄文章的專家身分。他在不貶損教授地位的情況下，把自己不熟悉經濟學的缺點轉變為優勢。他們得以合作無間，不必為了爭奪地位而煩惱誰比較聰明、誰比較懂經濟學、誰的文章寫得比較好等問題。

徵求意見是承認對方地位、同時不貶低自己的一個好方法。丹尼爾還記得，這種方法即便在最意想不到的狀況下都能奏效：

在匹茲堡的一場企業談判培訓結束之後，我走到附近餐館吃一頓遲來的晚餐，順便反思當天的各項活動。女服務生告訴我沒有桌位了，不過我可以先在吧檯點餐。我看到一張空的高腳椅，坐下來，草草記了一些筆記。

我聽到左邊傳來一聲吼：「這傢伙以爲自己是誰啊？」我沒理會這句叫罵，繼續埋頭書寫，反正人們談的不可能是我。我沒招惹誰，也不認識任何人。然後，我被自己的好奇心抑或焦慮感打敗了。我往左邊瞥了一眼，兩個矮壯敦實的男人朝我怒目而視。坐在我左邊的男人興致勃勃地等著看熱鬧，使勁對另一個男人搧風點火，那男人留著一臉大鬍子，正氣得滿臉通紅。我能感覺他們坐在吧檯邊的朋友都在盯著我瞧。

情況僵持著。等我終於跟大鬍子男人四目相對，他靠近我說：「你明白自己在跟危險打交道嗎？」

我停頓片刻，然後說：「是的」。顯然，他說得沒錯，而我希望他知道這一點。如果我回答「沒有」，無疑會傷害他的「硬漢」形象。在他的朋友們的炯炯目光下，我最好別讓他擔心自己會喪失社會地位。

大鬍子男人繼續瞪著我，彷彿準備揍我一拳。有關如何解決這種局面的想法在我腦子裡轉來轉去。我想要化解緊張情勢，但是究竟該怎麼做？

我快速思索各種做法：我可以乾脆走掉嗎？不行，他會跟著我。我可以向酒保求救嗎？但是他現在不在附近。我可以報警嗎？我不知道電話在哪裡。還是應該直接叫他別找麻煩？他不會聽的。

我覺得自己陷入了僵局。我希望能在不挨揍的情況下，讓他在朋友面前證明自己是個硬漢。但如果我向他示弱，他可能覺得我很好欺負。我如何尊重他的地位，同時不降低自己的身分？

我突然靈光乍現。我可以在他擅長的領域，請他給我意見。我問：「如果有人遇到了危險，你會建議他怎麼做？」

大鬍子男人的表情從憤怒轉爲驕傲。他如今扮演高姿態的「權威」角色，負責教我如何對付他。他在那兒站了一會兒，不發一語。我一動不動。他驕傲地昂起頭，默不做聲地盯著我，彷彿他掌握了什麼獨門秘密。然後他坐回吧檯邊，與我相隔兩個座位。他不再理會我，重新把注意力放回朋友身上。

在這個案例中，丹尼爾謹慎行事，避免自己貶低大鬍子男子的社會地位。他明白以惡言回擊會讓大鬍子的個人榮辱受到更大威脅，因為他的朋友正急切地等著看兩人交手。丹尼爾的目標是緩和緊張氣氛，而不是火上澆油。他停下來自問：「我如何尊重他的地位，同時不降低自己的身分？」他意識到兩人之間的問題在於「跟危險打交道」。透過請教如何跟危險打交道，丹尼爾讓大鬍子從侵略者的角色，轉變為地位相對較高的指導者角色。突然間，大鬍子因為他擅長的事：跟危險打交道，而獲得了認可。

## ▼享受你擅長的領域

不論年紀多大或閱歷多深，每個人都會遇到自信心搖搖欲墜、需要求助他人加油打氣的時候。幾年前，羅傑的助理拿著一疊信件走進他的辦公室，每封信都在批評羅傑曾經寫過的文章或做過的事情。他轉身問助理：「難道沒有任何人欣賞我的做為嗎？」

「噢，有啊，」助理回答：「大部分來信都是粉絲的崇拜信，我已經去函答謝，並且收歸檔案。眼前這些信件談的是你必須解決的問題。」

羅傑請她反過來做。「把粉絲信件拿來給我處理，由你來告訴我如何解決這些問題。」比起受到批評，閱讀讚美之詞讓人開心多了。事實上，羅傑可以花好幾個小時回應批評，但是反過來做，大大降低了他被負面言論壓垮信心的風險。

欣賞自己的過人之處，要相信從專業知識到個人特質，你都能為談判做出貢獻。必要的時候，在腦子裡回想欣賞你的家人與好友，藉此為自己打一劑強心針。把支持者的照片貼在牆上，或放在錢包裡。遭人貶低地位時，想想某個關心你的人會如何讚美你的分析能力、耐性或幽默感。請記得，只要能從經驗中吸取教訓，每一次人際互動都能幫助你提升地位。

歷經一場艱苦的談判之後，檢討從中學到的經驗教訓，享受任何一項成就帶來的快樂，並為自己取得的社會地位以及在實質領域上累積的知識感到驕傲。細細品味自己的工作成果，然後縱情投入自己擅長的活動，例如跟同事打球或和朋友一起下廚重新充電。

## 明白地位的局限

如果有人的地位比你高，你必須重視他們在自己獨到領域的見解。但假如他們管得太寬、超越了界線，你也得小心不要被過度影響。

### ▼重視人們的專業意見

欣賞一個人在談判領域中特別值得重視的特定地位。好比說你牙疼了，你告訴一位好朋友，後者表示情況或許沒什麼大礙。但你的鄰居是位聲名卓著的正牌牙醫，他檢查後提醒你需要立刻拔牙。你應當特別重視牙醫的意見，因為他的意見是建立在這個領域的特定地位上。

在組織的正式階層中，無論位階高低，每一個人都有特別值得重視的專才。這個論點，同樣適用於教師協會與學校行政單位針對教師考核政策展開的談判個案。應該每年考核一次？還是兩年考核一次？應該以學生的標準化測驗結果為基礎？還是以校長的觀察為準？

展開正式協商之前，丹尼爾曾為雙方居中協調。一開始，兩邊領袖都將對方視為阻礙己方實現訴求的絆腳石，但他們漸漸明白雙方各有所長。蒐集從家長、學生、其他老師或標準化測驗資訊的利弊得失，教師有獨到的認識，而行政人員則擁有關於州政策與學區規定的專業見解。與其爭論誰更有資格制定考核政策，雙方都應該肯定對方的專業知識，彼此擷取所長，共同擬定一份提案。肯定對方的地位能激發正面情緒，增強雙方合作的動力。

然而有時候，對方也許會出現不當的言語或行為，貶低你的身分。這種情況下，必須讓對方明白你在特定領域享有的地位，以免遭到羞辱而自尊心受損。為達到這個目的，你可以試著澄清自己的角色。

以一名年輕女律師與另一家公司的資深合夥人會面的經驗為例。她提早幾分鐘抵達會議室，發現對方的資深合夥人坐在貴賓席上，正低頭瀏覽自己的筆記。他頭也不抬地說：「小姐，你可以幫我倒一杯咖啡嗎？不要加糖和奶精。」

年輕律師臉紅了，一連串問題湧上她的腦海。「我是否應該直接告訴他我不是秘書？我是否應該教育他，如今有很多律師都是女性？還是我乾脆幫他倒杯咖啡，讓他稍後察覺自己犯下的錯誤？」假如資深合夥人確實搞錯了，她不希望對方感到窘迫，但也不希望自己顯得軟弱、好欺負。她如此回應：

我很抱歉沒來得及介紹自己（藉由假設資深合夥人無意間把她誤認爲秘書，她展現了氣度）。我叫莎拉．瓊斯，是史密斯、威克斯暨亞當斯事務所的律師（她澄清了自己的角色）。既然我們都早到了，或許可以先聊聊今天早上要討論的議題（她樹立了該角色應有的專業行爲）。無論如何，我先幫我們倆倒咖啡。那邊有甜甜圈，請自便。不過，如果你要拿甜甜圈，請順便幫我拿一個（她暗示兩人地位平等，是一起解決問題的工作夥伴）。

年輕律師承擔起被錯認身分的責任。她介紹自己，並優雅地表示會為他們兩人倒咖啡。她沒有試著駁倒對方，而是展現專業與合作態度，建議運用兩人提早抵達現場的事實，聊聊彼此對即將展開的討論有什麼想法。她也要求在她倒咖啡的時候，對方可以幫他拿甜甜圈，藉此暗示雙方享有平等的地位。

重點是，不論情緒問題是否牽涉社會地位或特定地位，以打壓別人來抬高自己的做法，從來不是個好主意。相反地，你應該向對方澄清你的角色、展現專業態度，不要跟對方爭高下，而是應當尊重對方的地位，並將自己的長處傳達給對方。

## ▼謹防地位外溢效應

一個有較高的社會地位、在某些實質領域樹立了權威的人，在其他領域發表的意見通常會被過度重視，我們稱為地位外溢效應（status spillover），必須小心提防。你應該視情況給予人們應得的尊重。享有高社會地位的人（例如名聞遐邇的電影明星），偶爾會運用地位推銷自己的意見，從槍枝管制到沙拉醬等等，無所不包。

當然，演員和社會名流確實可能在某些不相關的實質領域取得很深的造詣，但是必須小心，不要讓他們在一個領域的地位，說服你相信他們在另一個不相關領域發表的意見。一位演員穿上白袍、脖子上掛著聽診器，在電視上推銷某種藥品，看起來也許很像醫生，但別被騙了，他根本不是醫生。不論他的演技多麼精湛，他表達的觀點，不能視為歷經多年醫學訓練與臨床經驗、已在醫學領域取得崇高地位的醫生所做的專業判斷。

雖然社會地位較高的談判者可能期待受到特殊禮遇，但享有社會地位不代表他們的談判建議值得特別重視。好比說，一位社會地位很高的女士看中一條卡地亞的鑽石項鍊，或者海邊黃金地段的百畝地產。也許她覺得可以用自己認為合理的價格，買下鑽石項鍊或這塊房地產。想得美！明智的賣家不會光因為她的社會地位就降價求售。她的尊貴身分也許能受到特殊禮遇，但談到商品的價值，較高的社會地位並不會為她的言論加分。

談判過程中確實存在地位外溢效應的風險。以「梅麗莎」面臨的挑戰為例。她是一名年輕女性，正準備買房。她看中一間房子，仲介向她施加壓力，希望她當天就簽下購屋合同。「如果不趕緊出手，這間房子明天就賣掉了，」仲介說。她擔心無法在當天結束之前找到優渥的貸款方案，也害怕沒釐清財務安排就簽署合同。

仲介向她保證，目前的利率正處於前所未見的低點。但是梅麗莎懷疑，「他說的是真的嗎？或者，他只對成交後的五％佣金感興趣？」房地產仲介或許非常了解房產市場，但他不是貸款經紀人。這名年輕女子必須小心防範地位外溢效應。

為了保護自己不落入地位外溢效應的陷阱，首先認清對方在哪些領域確實享有地位。如果你承認他們具備的特定地位，他們會更願意聆聽你的意見。保持真心誠意，虛假的奉承無法持久，而且容易產生反效果。梅麗莎或許可以告訴仲介，她很感激對方有能力找到她中意的房子。

不妨尋求第二意見。不論最初的建議來自你的上司、律師、醫生或伴侶，在重大議題上多方聽取意見，並不會構成侮辱。梅麗莎可以這麼說：「我凡事總會尋求第二意見。或許你可以建議二、三家貸款經紀公司或銀行，供我諮詢貸款相關事宜？」

詢問對方你的其他選擇有什麼利弊得失，是保護自己不受地位外溢效應影響的另一種方法。好比說，醫生明白病人有最終決定權，但許多醫生沒有列出其他選擇所需付出的成本，以及可能帶來的好處。

假設你的一位親戚因為喉嚨疑似出現癌細胞而請教醫生如何處理。醫生回答：「我建議手術切除腫瘤，但決定權在你，不是我說了算。你希望怎麼做？」

不要讓你對醫生的敬意，阻礙你探索其他治療方案。與其對醫生的建議照單全收，你的親戚應該向醫生詢問其他可能性。還有哪些選擇？把手術推遲六個月後？進行比較不具侵入性的手術？嘗試新藥物？不論關於健康或房地產，談判的目的就在於滿足你的最大利益。

最後，認清你在某一領域永遠強過他人的事實：你是全世界最了解自己情緒、利益、需求與特殊情況的權威。這種與生俱來的特定地位能保護你不受地位外溢效應影響，前提是你得認清自己的價值。汽車經銷商強勢向你推銷一輛汽車：「我服務過很多家庭，很多人都回來告訴我他們有多麼熱愛這車款。我認為你應該趁漲價之前趕緊買下。」

你可以這麼回答：「謝謝你，我會好好考慮的。現在，如果你能尋找符合我需求的其他車款，我會很感激的。我們想要一輛安全、空間足夠容納露營裝備，同時又省油的車。還有哪些車款符合這些條件？」

藉由承認對方的特定地位，你會將他們的自我認知從急於做成買賣的敵手，轉變成地位崇高的專家，協助制定最能滿足需求的決策。在這方面，你是最懂得自身需求的專家。

## 別忘了：地位永遠可以上升或下降

很多人以為地位是固定不變的。這個想法可能源於皇室決定國王或女王血統的觀念：某些人生下來就是上流階層。然而，名聲可以創造，並非與生俱來。每個人都能靠努力與成就來提升自己的地位。

你可以透過學習，提高自己在談判實質領域的地位。如果覺得經理對你期望過高，找她協商調整工作內容之前，你可以和人力資源代表坐下來討論，設法理解組織的工作政策。你可以上網研究商業交易、法律程序、汽車資料，或者任何可以幫助增加談判權威的議題。提高你對實質領域的理解，權力基本上掌握在你的手上。如果你因為某些惡習或欠缺人際溝通技巧而無法提升社會地位，可以參加培訓課程，或聘請教練幫助你更有效地管理情緒、提高自信，或者改善聆聽能力。

地位的上升或下降不只是命中注定，我們的言行舉止也可能產生重大影響。羅傑在法學院就讀一年級時，詹姆斯．藍蒂斯（James Landis）教授是當時的哈佛法學院院長，為一年級學生開設契約法課程，羅傑和其他一百多位同學都是他的學生。從當年到現在，羅傑一直認為藍蒂斯院長是他在哈佛法學院遇過最優秀的老師。後來，藍蒂斯院長由於疏忽，連續多年未申報聯邦所得稅，最後終於被逮受審、定罪、入獄服刑，並且被取消律師資格。姑且不論好壞，一個人的地位不是預先設定的，可以因為我們的做為或不作為而改變。

## 回顧醫院案例

現在，讓我們回顧本章開頭提到的醫院案例。護士與醫生之間關係緊張，病患心臟病發作，病情嚴重。哪個地方出錯了？我們可以為護士、醫生和醫院行政單位提供哪些建議？

### ▼給護士的建議

護士和醫生一開始互動良好，然後護士向醫生傳達她前一天夜裡觀察到的現象，這時，醫生質疑護士的醫學專業（「你治療過幾個心臟有毛病的病人？」），她服從了醫生對病情的判斷。由於她感到氣憤、無能，所以決定不再提供額外的資訊。

儘管醫院文化或許給予醫生崇高的社會地位，但護士忽略了自己在許多重要方面凌駕醫生之上的事實。與其盲目服從，護士應該迅速反思自己在哪些領域享有特定地位，找出自己的強項。舉例而言，她已在醫院服務二十多年，在辨認病人的症狀方面有著豐富經驗。況且，她花了很多時間與該名病患交談、觀測他的心律並檢查他的病歷，對病患的生理與心理健康有很深的第一手了解。

她應該意識到，這些強項非常重要，而且格外切合這名病患的特定需求。她取得了必須傳達給醫生的訊息，就專業角度而言，她有責任將這些訊息傳達清楚。她不該讓醫生的社會地位嚇阻她說出相關訊息。她或許可以這麼說：「醫生，在你下診斷之前，我有一則不可忽略的重要訊息供你參考。」

如果她試著站在醫生的角度看待整件事情，或許就不會那麼生氣。做為一名剛踏出醫學院的新進醫師，他很可能用醫生的崇高身分掩飾自己的不安全感。護士若能意識到這點，就能避免受到他潛藏的不安全感激怒，不再對他生氣，反而興起一絲同情心。

## 給醫生的建議

醫生不好當。他經常分身乏術，疲於奔命，而病患和醫護人員都仰賴他制定明智而周全的決定。由於這名醫生剛進醫院服務，他或許希望建立能幹且值得尊敬的名聲。而且，院內許多醫生和護士都同他父母的年紀，這項事實讓他的工作更加艱難。

醫生見了病患幾分鐘，瀏覽了他的病歷，斷定病患的心臟不適並不需要特別重視。當護士建議把病患送進加護病房，他被激怒了，覺得護士輕蔑他，彷彿護士企圖表示自己比醫生更有本事。

然而，錯就錯在他假設醫生的崇高地位讓自己變得「無所不知」。這是地位外溢效應的典型案例。他沒有意識到護士更了解病人的心臟狀況，反倒是全面展現他的優越感。他沒有聆聽護士的話，也沒有提出好的問題，誤以為自己已經掌握了有關病患健康狀況的一切重要訊息。可以想見，醫生一定也有很多事情要忙。但只要花三十秒聽取護士的意見，就可以防止病患遭受心臟病突發之苦。

未來，醫生應該認清他的工作離不開與護士合作，他們不是地位的競爭者，而是一起協助病患的夥伴。醫生不該認為護士的角色是聽命行事，而該認清她在某些重要領域有自己的獨到見解。他不需要貶低她。事實上，他可以透過欣賞她的觀點來拉近關係、改善溝通，讓病患得到更好的治療。

### ▼給醫院行政單位的建議

從更全盤的角度看，社會地位的階級已深植於醫院體系，有必要進行大範圍干預。一小群醫院人員，可以是行政單位、醫生、護士和其他人員組成，制定並提倡一套新的醫院政策，建立以病患為中心的工作文化。這樣的政策可以讓醫院全體人員明白，大家最關注的焦點是一致的：提升病人的福祉。醫護人員不要彼此爭強，應該攜手合作，承認每個人各有長處，如此將能達到更高的醫療成效。

## 小結

你不需要拚命爭取獎牌和表揚，只為了證明自己是名傑出談判者或值得尊敬的人。雖然你的社會地位比不上電影明星或企業執行長，但你很可能在許多領域超越他們。你必須花一點時間尋找自己的長處，而你確實有長處。我們都有。只要稍做功課，你就能認清自己在哪些領域享有較高的社會地位與特定地位，並努力提升或發展新的優勢，更有自信地迎接談判。

每個人都有擅長的領域，所以沒必要彼此爭奪地位。欣賞別人的過人之處，並為自己的專長與成就感到自豪。儘管臉皮夠厚的人才敢要求別人給予讚美，但是驕傲自滿、對自己在談判中表現沾沾自喜的人，同樣厚顏無恥。如果你真心滿意自己的地位，就無需擔心別人如何看待你。反過來說，承認對方的地位並不需要付出任何代價。尊重別人往往也能贏來別人對你的尊重。

第7章

# 扮演有意義的角色，並選擇能帶來成就感的活動

每個人都渴望擁有能實現個人抱負的角色。我們不希望一天到晚戴著面具，或偽裝成另一種人。在談判當中，無法帶來成就感的角色可能導致怨恨、憤怒或沮喪。

這就是「瑞恩」遇到的狀況。他即將面臨績效評估，想請教丹尼爾如何在考核會議中進行談判。他解釋說，上一次的考核會議很不順利：

我走進上司的辦公室進行績效考核，心裡很緊張。能拿多少年終獎金，就看考核的結果了。而且，我的自尊心也無法承受太多謾罵。

「請坐，」我的上司指著他辦公桌對面的椅子說。

我試著揣摩上司的心情是好是壞，那樣的訊息能讓我得知這次會議會輕鬆愉快，還是痛苦難捱。他板著臉，神色嚴峻。情況不妙。

上司說：「我們都知道這次會議的目的，是要評估你的工作績效。整體而言，你過去十二個月的表現還可以，有些地方有待改進，但還是先說好的方面吧……。」

他列舉我過去一年的種種成績，但老實說，我沒在聽，心裡一直想著哪些地方「有待改進」。然後，他說我們得接著談談需要提升的地方，我立刻正襟危坐，氣氛開始變得緊張。

「首先，」他說：「你得改掉虎頭蛇尾的毛病。上個月，你忘了替我們的最大客戶寫總結報告。他們還肯繼續跟我們做生意，實屬萬幸。」

「但那份報告不該由我寫，」我說：「況且，我起碼有其他十份報告是提早交的。」

「好吧，」他說：「不過，我看到的就是那樣。」

我默默坐著，心跳得很快。我想阻止自己爭辯。我不想露出驚慌失措的模樣讓上司感到滿足，但我也希望他對我留下正確的印象。

「你需要讓我們更容易找到你，」他繼續說：「我知道你有家庭，但是我們有工作要做，有顧客要服務。如果你得接送孩子，請帶上你的手機。」

「我已經盡力隨傳隨到了，」我說：「但我不可能二十四小時待命。」

「好吧，算了，反正我觀察到的就是那樣。」

上司繼續指出我的種種過錯，我試著不把他的批評放進心裡，可惜並不成功。我徒勞地反駁他的抨擊，三十分鐘後，我滿腔怒火、身心俱疲地走出他的辦公室，年終獎金看來毫無指望。

正如瑞恩在接受績效評估時體驗到的，並非每個角色都盡如人意。他覺得自己是遭上司批判的受害者，因此扮演起「捍衛者」這個的不愉快角色，設法為自己的行為聲辯。他壓根沒聽到上司的正面回饋，績效評估不順利也是意料之中。瑞恩幾乎沒收到任何具有建設性的回饋，因而失去了努力工作的動力。他的上司沒有扮演導師的角色，而是鞏固了獨裁者的形象。

事情不是非得這樣發展不可。你可以重新塑造自己的角色，讓自己和對方感覺更自在、更「適合」彼此。本章將教你怎麼做。我們首先描述人們對於有意義角色的核心欲念，接著告訴你如何為體制角色注入更多意義，不論你是企業主管、心理學家或全職爸媽。最後則談談如何從臨時角色，例如問題解決者、聆聽者或會議主持人等等，得到更大的滿足感。

## 能帶來滿足感的角色有三大特質

我們時刻扮演某種角色，但不是所有角色都能得到最大的滿足。不論在職場上或在家裡，有些角色讓人覺得空洞、毫無意義，甚至虛偽。為了塑造更有意義的角色，我們需要明白角色的三大特質：

- **目標明確**。有意義的角色絕非只是虛晃一招、做做表面功夫。這樣的角色擁有明確的目標，不論是改善社會，或散散步放鬆心情。明確的目標能為行為提供整體架構。
- **具有切身意義**。只有你知道什麼事情對自己有切身意義。角色是否具有意義，通常跟你做的事情有關。扮演父母的角色可以滿足養育孩子的欲望。如果你喜歡解決問題，工程師的工作或許能讓你施展抱負。有意義的角色能將技能、興趣、價值觀和信念與眼前的任務合而為一。
  意義不僅存在於你所做的事，也存在於你如何看待現實情況。角色是否令人滿足，取決於如何為情況「製造意義」。裁縫師也許討厭他的工作職責，但只要能養家糊口，他就覺得這個角色很有意義。
- **不虛偽做作**。「角色扮演」聽起來彷彿每個人都是演員，把自己偽裝成另一種人。對於「角色」，我們關心的不應該是把自己假裝成什麼人，而是如何利用角色展現真正的「我是誰」。大家都希望扮演一個充實、活在真實人生的角色，而不是虛假的角色。

當然，某方面而言，你確實站在舞台上。你承擔了一個角色，在這個角色中扮演自己。然而，那個角色不是虛假的，你得一直扮演下去。那個角色就是真實的你，不是假扮的某個人。

羅傑和丹尼爾扮演了各式各樣的角色，包括教授、丈夫、作家、同事、房產持有人和談判者。他們在那些角色中扮演自己，而不是某個戲劇人物。他們努力塑造每個角色，讓自己在扮演這些角色時不覺得羞愧，而是感到自豪。他們感到滿意的並不是自己的表演能力，而是他們的作為與成績。他們希望自己的角色變得更有意義。

## 讓你的體制角色更有意義

所謂體制角色，指的是人們在組織和社會上被公認的角色，例如企業「副總裁」，或家裡的「家長」。表八列出幾種常見的體制角色。

### ▼認清你的體制角色

認清行為背後的角色，就能避免不必要的爭端。有時候，你自己的兩個角色可能互相

## 表八 體制角色

| | |
|---|---|
| • 學者 | • 護理師 |
| • 演員 | • 父母親 |
| • 分析師 | • 政治家 |
| • 藝術家 | • 房屋仲介 |
| • 廚師 | • 招聘人員 |
| • 兒童 | • 科學家 |
| • 客戶 | • 秘書 |
| • 顧客 | • 賣家 |
| • 醫生 | • 兄弟姊妹 |
| • 高階主管 | • 學生 |
| • 服裝設計師 | • 教師 |
| • 財務長 | • 技師 |
| • 祖父母 | • 旅行社代辦 |
| • 律師 | • 卡車司機 |
| • 經理 | • 作家 |

衝突，例如新生兒父母的職責就可能妨礙你維持「明星員工」的地位。

其他時候，關於誰該扮演哪一個角色，你跟別人或許有不同的意見。你也許代表客戶、商業公會或其他利益團體進行談判，同時也有自己的利益需要顧慮。意識到自己的角色，是管理角色衝突的第一步。

以「艾琳」的故事為例，她在一家會汙染水源的公司擔任高階主管。艾琳開始質疑自己：「我成了怎樣的人？替汙染環境的企業工作，是否意味著我成了壞人？」她因為從事的行業違背自己的環保信念而感到內疚，也覺得愧對自己的道德標準。

如果艾琳未能意識到企業主管與

環保主義者兩個角色間的衝突，就有可能「莫名其妙」地對屬下、同事或上司發火。基本上，她是下意識地在發洩內心的緊張衝突。

另一方面，艾琳如果意識到這個問題，就能仔細思索該怎麼做。她也許決定跟同事及上司討論如何降低工廠排放的汙染物，可能辭去工作，或者最終認定公司已達到產業標準，因此跟她自己的信念不衝突。無論做出什麼決定，她都積極釐清了讓自己緊張焦慮的角色衝突，因此可以採取行動讓角色更有意義。

## ▼塑造你的角色，納入有意義的活動

事實上，你可以塑造更有意義的角色。要達到這個目的，你必須暫時忘掉角色的「工作標籤」，把注意力轉向這個角色涉及的各種活動。

每個角色都具備工作標籤和一系列活動。「工作標籤」是對工作所做的概括性描述。正如人們以名字來識別彼此，角色也可以靠名稱來識別，例如「人身傷害律師」或「兒童心理學家」。

角色不僅止於工作標籤，還有理應完成的各種活動。企業在招募新主管時，會在廣告中具體說明工作標籤和相關工作內容：

誠徵企業營運長。（這是工作標籤）

職責包括引領企業完成使命、監督各部門主管，並且向董事會報告。（這些是各項相關活動）

企業營運長涉及的各項活動，不是一份工作清單可以完整涵蓋的。不論你是企業主管、水管工人或老師，在工作時，涉及談判的活動內容不一定能定義清楚。員工如何跟同事、上司或其他公司的對手談判，通常沒有具體的政策可循，這就為你製造了大好機會。

**擴大你的角色，納入有意義的活動。**不論哪一種工作標籤，你都有選擇權定義角色涉及的活動。你可以決定是否聆聽或發表意見、是否爭辯或合作、是否用輕蔑或彬彬有禮的態度對待別人。你有權利去探索對方的訴求、腦力激盪出能滿足雙方利益的方案、請教別人或提供自己的意見。甚至可以建議如何制定議程。角色的界線，基本上由你決定。

以同樣在劍橋某家餐館工作的兩位女服務生為例。她們都在嘗試寫小說，也都把服務生工作視為暫時的謀生手段，直到她們的第一部小說被出版社簽約。

第一位女服務生覺得這份工作是個苦差事，既辛苦又無聊。在午餐結束到晚餐開始之間的休息時間，她會回到自己的公寓嘗試寫作，不過寫得並不順利，最後往往倒頭睡午覺。每天早晨上班前，她也會坐在電腦前認真構思，但她發現很難塑造角色的真實信，為角色的生活注入真實的生活經歷。

第二位女服務生同樣覺得餐館工作既繁重又辛苦，但並不無聊。她把服務過的每位顧客，視為手頭這部小說、甚至下一部作品中的潛在角色。她在圍裙口袋放了兩本便條紙，一本用來點餐，另一本則用來做筆記，只要抓到時間，她就在上頭匆匆紀錄顧客的肢體特徵、無意中聽到的對話，以及她想像中顧客可能有什麼心事、猜測他們離開後會做什麼事情。

她發現，比起枯坐在書桌前，對真實人物的觀察，更容易為書中角色注入生命。在午餐和晚餐之間的漫長午休時間，她會整理筆記加以擴充。早上上班之前專心寫作，她發現這些人物、對話，以及前幾天或前幾個星期激發的靈感，通通能派上用場。隨著書稿逐漸成形，她在工作上也建立了信譽，被大家公認為體貼入微、討喜的女服務生。她對顧客展現真誠的興趣，每個人的生活都令她著迷。

她的工作是「女服務生」，但她擴大了自己的角色，納入能讓她感到滿足的活動。她收集各種訊息，包括真實人物的樣貌、說話方式，以及揣摩他們的想法與感受。這些都是寫作的資料與靈感來源。她發現雙重身分雖然很累，卻令人感到振奮。

正如女服務生選擇讓自己的角色變得更有意義，你也有權利為你的談判者角色選擇帶來更高成就感的活動。從更深入理解他人、學會談判和認識自己得到的喜悅，都可以是角色的一部分。

### 表九 重塑體制角色的四個步驟

| |
|---|
| 1.為你的角色命名 |
| 2.列舉角色目前涉及的活動 |
| 3.提出能讓角色更有意義的活動<br>• 增加新的活動？<br>• 調整現有的活動？ |
| 4.考慮刪除沒有意義的活動<br>• 沒有人必須做這些事情？<br>• 該交給別人處理？ |

**重新定義角色涉及的活動。**如果角色意義讓你不滿足，你可以試著從其他幾項核心欲念思索這個角色。角色之所以沒有意義，可能因為你孤立無援、觀點不被肯定、自主權受到限制，或者地位遭人貶低。

與其被動接受一個沒有成就感的角色，你可以塑造自己的角色來滿足其他核心欲念。上方表九簡單陳述了你可以遵循的四個步驟。丹尼爾還記得，在一個影響力遍及上百萬青少年的地區教育專案中，這四個步驟如何化解了該專案總監與副總監之間的不必要衝突。

我接到總監「保羅」的電話，邀請我提供諮詢服務。他跟副總監「莎拉」共同負責專案的整體方向與營運。隨著專案迅速擴張，兩人的工作關係也急遽惡化。主要贊助商甚至出言威脅，假如他們不解決兩人之間的「問題」，就要斷絕一切經費。他們的爭執影響了教育專案的品質。雖然彼此的辦公室僅有一牆之隔，但兩人只有在週五早晨例會才會說上幾句話。中層員工開始「選邊站」，兩人之間的溝通愈來愈僵。他們跟員工談話的次數變少了，也不再及時發送材料。長期下來，兩人間的分歧造成了時間與金錢的大量浪費。

跟兩位總監交流之後，我清楚發現他們的衝突並非源於專案方向的意見分歧。矛盾的起因，在於令人挫敗的角色。保羅和莎拉都責怪對方「沒有做好自己的分內工作」。我問他們：「對方應盡的責任是什麼？」兩人都沒有明確的答案。當我問起組織擴張之後，他們應盡的責任又是什麼，兩人的答案同樣模糊不清。如今專案發展迅速，兩人卻覺得自己的角色無法帶來成就感，被毫無意義的組織行政壓得喘不過氣。

我先後約見莎拉和保羅，引導他們走過上一頁表九描述的流程，設法幫助他們打造更有成就感的角色。跟莎拉的會面經過是這樣的：

為你的角色命名。我拿出一張紙，放在莎拉面前，請她寫出目前的職稱。她寫下了「教育機構副總監」。

列舉角色目前涉及的活動。她在頭銜底下列舉目前的職責，例如「參與制定專案的整體方向」、「至少與三位專案協調員溝通」，以及「開發課程」。

提出為了讓角色更有意義而需要增加、調整或刪除的活動。我列出五大核心欲念，簡單描述它們的重要性，並建議她想想看，有哪些活動可以幫助她滿足核心欲念。短短幾分鐘內，我們便激盪出許多好主意。她可以為中層員工籌畫三次培訓，既可以滿足她的地位需求，也能提高專案的品質。她可以跟各個部門的中層員工保持聯繫，藉此增進感情，也可以促進交流。她每兩星期跟保羅吃一次飯（表達對彼此的欣賞，並且拉近雙方距離）。

這些活動都不需要額外耗費太多力氣，也不會侵犯保羅的自主權。事實上，甚至有助於專案的推動。

我和保羅也重複了上述步驟。要如何打造一個有意義的角色，下一階段的工作就靠他們自己努力了。保羅和莎拉坐下來討論他們提議的活動，從一開始就表明所有想法都只是建議，還可以商量。討論進行得非常順利，因為他們已經有了很多想法。不到一個鐘頭的時間，兩人就對如何調整角色達成了協議，並同意兩星期後重新檢討哪些改變收到效果，以及如何進一步修正他們的角色。

這套流程是否奏效？保羅說，「整個流程只花了五個鐘頭，而我們之前因為爭執或處理不當，浪費了組織數百個小時的時間。我最後悔的，就是沒有在一年前專案剛剛起飛的時候，就完成這個簡單的對話。」

這套流程可以用於各式各樣場合，幫助每位讀者打造更有意義的角色。如果你發現自己經常跟同事、上司或下屬意見不合，不妨主動發起討論，一起澄清彼此的角色與相關的活動。

當你和談判對手產生摩擦，你可以從對方的角度進行這套流程，找出方法幫助他們打造更有意義的角色。列出你認為他們應盡的職責。有哪些事情是他們也許該做卻沒做的？還有哪些活動也許可以讓他們的角色更有意義？用提議的態度（而不是批評或要求），跟他們說說你的想法。

### ▼肯定對方希望扮演的體制角色

有意義的角色可能在我們的生活中占據重要地位。我們的身分認同感，脫離不了角色及其帶來的一切地位、權力與盟友。失去那個角色，就像身上切掉一塊肉那樣痛苦。我們也許會用盡力量抗拒受傷。

以「約翰．摩爾」的經驗為例。他是個生意人，經營一家廣播頻道網，有意收購另一家電台。他必須跟電台的兩位股東談判，一位是投資人，另一位是電台經理。投資人持有三分之二股權，同意以約翰認為的合理價格，將股份全數賣給約翰。然而，經理開出的三分之一股權價格，竟然跟投資人三分之二股權價格一樣高。

羅傑和約翰共進午餐時，羅傑問他最近是否遇到談判上的問題，他可以幫上忙，約翰便說了這件事情。當時對話如下：

羅傑：「經理爲什麼想拿這麼多錢？」

約翰：「不曉得，貪得無厭吧。你有解決貪婪的辦法嗎？」

羅傑：「他結婚了嗎？有沒有小孩？」

約翰：「那跟這件事情有關係嗎？對，他結婚了。他的辦公室裡有一張照片，是他的妻子和兩個穿著足球球衣的男孩，大概七、八年級。」

羅傑：「他的妻子是做什麼的？」

約翰：「我怎麼會知道？好吧，我確實知道。她是學校董事會的成員。有一次，我在電台的時候，她打電話過來。她得去開校董會，所以電台經理必須回家給孩子弄吃的。」

羅傑：「鎮上還有其他電台嗎？」

約翰：「沒有。」

羅傑：「他跟廣播電台有多深的淵源？」

約翰：「他創立了電台，基本上從零開始，直到電台成爲市場第一。」

羅傑：「也許他不想搬家。既然他太太是校董會成員，而且兩個孩子都還在上學，我猜他們不願意搬家。除了搬家問題之外，他本人或許也不願意去買另一家電台，並且尋找新的投資人出資。你爲什麼非得買下經理的股份？」

約翰：「聯邦通信委員會規定，若要合併會計報表，以某些子公司的虧損沖銷其他子公司的利潤，我必須至少持有每一家電台的四分之三股權。所以，光買下投資人的三分之二股權還不夠。」

羅傑：「你爲什麼不跟經理說清楚？開出合理價格買下他的一些股份，他還可以保留四分之一股權。給他一份兩年的工作合約，讓他繼續留任經理。」

約翰：「沒有用的，他太貪了。」

羅傑：「你了解他，我不了解。也許你是對的，但你不妨試一下，給他一點現金，讓他繼續擔任經理，並保有四分之一股權。」

大約十天後，約翰打電話給羅傑，「你絕對猜不到發生了什麼事。他上鉤了。」

在這個個案中，羅傑不僅考慮財務問題，也顧及了經理面臨的個人問題。他提出問題，試圖從經理的角度理解事情。他發現經理掛念的也許不只是錢，還有為他帶來成就感的角色。

一旦賣掉電台，經理的許多角色都會失去成就感。他還是個好丈夫嗎？（他的妻子也許不願意離開她積極參與的社區，因而痛恨搬家的決定。）還是個好爸爸嗎？（面臨轉學和結交新朋友，孩子們也許既生氣又害怕。）還是個好經理嗎？（他經營這家電台好多年了，也許已把這角色視為自己的一部分，並透過這份工作找到意義。）還是個好創業家嗎？（他也許對於收購新的電台，以及尋找新的投資人出資感到五味雜陳。電台現在很成功，但要是新的電台做不起來呢？）

約翰眼中的貪婪，其實是經理渴望保留好丈夫、好爸爸、好經理和好創業家這些有成就感的角色。當經理收到的提議充分考慮了他的未來角色，不出所料，他果然「上鉤了」。

## 你有權力選擇臨時角色

著名拳擊手傑克・拉莫塔（Jake LaMotta）喜歡在拳擊場上扮演弱者。對手揮出一拳又一拳，傑克會消極地後退，就像一隻愛裝死的負鼠。當對手因每一次的成功而信心膨脹、逐漸放鬆戒備時，就到了傑克猛然發動攻擊的時候。

示弱是傑克的基本策略。他的對手幾乎總會自動扮演對應的施暴者角色，但並非出於他們的意志。他們是在回應傑克扮演的角色。傑克把無助受害者的角色演得愈淋漓盡致，對手愈堅信自己的力量，傑克充分抓住對手的心態，為自己製造契機。

談判時，我們偶爾落入同樣的陷阱，會因應對方設定的角色而陷入扮演某個角色。對方出現敵對的行為，我們也會展現敵意；對方提出要求，我們也會如法炮製。他們笑我們是弱者，我們就顯現力量給對方瞧瞧。

但如果任由對方決定我們的角色，尋求有意義角色的這個核心欲念，就無法獲得滿足。我們會覺得受到輕蔑。就像傑克．拉莫塔的對手，我們讓自己落入被誤導的陷阱。

### ▼留意你不自覺扮演的臨時角色

臨時角色取決於你當下的行為反應。在談判中，你可以自由選擇扮演哪一種臨時角色，例如聆聽者、爭論者，或問題解決者。藉由為這些行為模式命名，你會對各種角色產生更高警覺，多多談論它們，然後決定扮演哪些角色。

你也許習慣性扮演某種臨時角色。在同事面前，你可能是大家遭遇個人問題時尋求的聆聽者。若是跟年紀較長或地位較高的同事談判，你也許扮演順從者的角色。和愛人相處時，你可能經常扛起解決問題的責任。

人們常常忽略臨時角色。然而，這是你能選擇的角色中最容易的一種。不需要等人來指派，自己可以決定扮演哪一種角色。在為時一分鐘的對話當中，經理可以扮演問題解決

## 表十 常見的臨時角色

| | |
|---|---|
| • 說話者 | • 受害者 |
| • 聆聽者 | • 挑釁者 |
| • 站在反對立場抓出問題者 | • 問題解決者 |
| • 合作者 | • 同事 |
| • 競爭者 | • 非正式仲裁者 |
| • 服從者 | • 穿針引線者 |
| • 妥協者 | • 主人 |
| • 開心果 | • 客人 |
| • 學習者 | • 評估者 |
| • 突發奇想者 | • 智多星 |
| • 擁護者 | • 顧問 |

者、聆聽者、顧問或擁護者等不同的臨時角色，同時保有「經理」這個體制角色。表十列出你可以在談判中扮演的幾種臨時角色。

### ▼扮演有助於合作的臨時角色

談判時，請選擇忠於自己又能促進合作的臨時角色。哪種角色最有益處？朋友？保護者？指導人？小丑？

以「吉姆」和「南茜」這對夫妻的狀況為例。

> 南茜工作了一整天回到家。在員工大會上，老闆指責她沒有處理好一位重要客户。吉姆一到家，南茜就開始跟他訴苦這一天發生的事。不到一分鐘，吉姆就打斷南茜的話，開始給她出主意，告訴她如何改善局勢。
>
> 南茜想對他吼叫：「你怎麼不能好好聽我說

話！」她忍住了。不過，她還是打斷吉姆，繼續說她有多麼沮喪。這時，吉姆被激怒了，他說：「你有病吧！我只是想幫忙而已。」南茜覺得被逼進了死胡同。她知道吉姆沒有惡意，但也覺得自己孤立無援。於是南茜走出了房間。

在這個案例中，對於吉姆應該扮演哪一種臨時角色，南茜和吉姆有不同的期待。南茜希望他扮演聆聽者，而他卻不自覺地掉進問題解決者的角色。雖然每個角色在本質上都沒有錯，但一般而言，某些角色確實更令人滿足。

當南茜察覺兩人的期望互相衝突時，她可以建議吉姆扮演更有幫助的角色。她可以用支持的口吻說：「我很感激你想確定我在公司裡一切順利。不過現在，我真正需要的，是你能好好聽我說。你願意聽我說幾分鐘嗎？然後，我會很樂意聽從你的建議。」

或者，吉姆也許注意到南茜愈來愈心煩，頓時明白他扮演的問題解決者角色，並不符合南茜當下的需求，因此轉而採用聆聽者的角色，滿足他想支持南茜的願望。為了轉變角色，他向南茜和自己證明，他現在願意仔細聆聽：「再多說一點你今天發生的事，聽起來真令人沮喪。」她說話，他聆聽。短短一分鐘內，談話的情緒氣氛變輕鬆了。現在，他們可以支持彼此，不必陷入無謂的爭執。

正如吉姆和南茜的情況，仔細思索你習慣在職場和家裡扮演的臨時角色，或許能從中得到益處。這些角色有幫助嗎？你得歷經多年的教育訓練才扛得起外科醫生或律師這類角色，但現在你就可以開始扮演有用的臨時角色。

## ▼肯定別人扮演的臨時角色

我們經常疏於理解別人如何看待自己扮演的臨時角色，以至於引發挫折感與困惑。丹尼爾還記得在某個案例中，人們對角色的認知出現了極大差距。

「珍」是我的學生，有一次她去顧問公司應聘時遲到了。珍難得遲到，那天是個特例，她很煩惱如何跟面試官說明遲到的理由。一到公司，祕書便指示她趕緊穿越走廊、進入會議室。

她又驚又喜地發現面試官是她研究所同學「梅麗莎」，兩人曾經共同完成多項作業。珍笑著說，「梅麗莎！見到你眞好！抱歉，我遲到了。你知道每年這個時候，情況有多麼混亂！」

梅麗莎的態度疏離而專業：「我們開始吧！」

珍被這句冰冷的話嚇了一跳。梅麗莎因爲她遲到不高興嗎？她現在應該說什麼？她應該再次道歉嗎？那會讓她顯得諂媚且不自信嗎？各種想法盤據腦海，以至於她無法專心應付接下來的面試問題。

兩天後，珍接到梅麗莎的電子郵件，通知她並未被錄取，珍毫不意外。

珍的致命錯誤是把梅麗莎當成老朋友兼同學，而梅麗莎則期望被視為公正的面試官，兩人對梅麗莎的角色出現了不同的認定。事實上，面試幾週後，珍從顧問公司的一位朋友口中得知，她一開頭的寒暄被認為過於隨便，不符合她的身分，讓人留下不禮貌的印象，因而失去了工作機會。

對珍來說，明智的做法是想想梅麗莎如何看待自己的角色。梅麗莎認為自己是面試官，而珍的主要角色是應聘者，不是同學或朋友。為了不顯得放肆，珍應該試著找出梅麗莎的觀點有什麼可取之處：

> 首先，謝謝你安排這次面試。很抱歉，我遲到了。我從波士頓過來的航班誤點一個多鐘頭，交通狀況也很糟糕。我準備好開始了，不論現在還剩下多少時間，我會盡全力表現。不過，如果你寧可改期，我們也可以擇日再談。

與其讓人誤以為面試官是老朋友就享受特殊待遇，珍應該一開始就對梅麗莎的正式角色表示肯定，說，「在這種情況下，不論你希望這場面試有多麼正式，我都樂意配合。」假如珍一開始越界了，她應該立刻道歉，並認清梅麗莎的正式角色。

這個故事告訴我們，有必要去理解別人如何看待自己的角色。如果你和某個人擁有多重關係，這一點尤其重要。否則，你可能會出現讓對方感到震驚的言語或行為。

## ▼為對方推薦臨時角色

正式角色可能讓我們無法暢所欲言。我們可以表明雙方的互動是建立在「非正式」基礎上，幫助彼此更自在地交流意見，並改變雙方的互信程度。這是英國駐聯合國大使卡拉登勛爵（Lord Caradon），從他推動的一連串重要談判中學到的心得：

> 一九六七年，卡拉登勛爵試圖說服聯合國安全理事會的十五個會員國支持第二四二號決議。這項決議爲以色列與巴勒斯坦之間的許多重大衝突提供了解決方針。他估計，如果立刻投票，安理會的許多成員國會贊成這項決議。但若要貫徹這項決議，他需要爭取一個最重要的不支持國同意——蘇聯。
>
> 第二四二號決議案投票在即，當時蘇聯代表、外交部副部長庫茲涅佐夫（Vasili

Kuznetsov）與卡拉登勛爵在密室會面。庫茲涅佐夫要求卡拉登將英國提交的決議案延後兩天投票。卡拉登遲疑了，他擔心蘇聯會運用這段時間，設法讓一項對立的決議案死灰復燃。

然而，庫茲涅佐夫接下來的話大出卡拉登勛爵意料之外。他表明這項請求並非政府授意，而是出自他個人：「我不確定你是否完全理解我剛剛說的話，我是以個人名義請求你延後兩天。」

這個不尋常的請求，改變了卡拉登勛爵面臨的決定。他了解、尊敬庫茲涅佐夫，並相信他不會做出傷害兩人關係的事情。他也明白，庫茲涅佐夫可能想爭取更多時間，設法說服蘇聯政府改變主意。卡拉登只是說了句：「謝謝你，你有兩天的時間。」他走回議會廳，宣布延遲兩天舉行投票。

兩天後，決議案正式進行表決。率先舉手支持第二四二號決議案的，就是蘇聯外交部副部長庫茲涅佐夫。決議案無異議通過，聯合國議事廳旁聽席上的人潮爆出如雷的掌聲。

庫茲涅佐夫對卡拉登勛爵的個人請求，為他們倆建立了更有意義的角色。庫茲涅佐夫意識到，在當時的情況下，代表英國政府的英國大使，可能很難跟反對第二四二號決議案的蘇聯政府官方代表坦誠交流。藉由將雙方角色從兩國「代言人」轉變成非正式的、可信賴的「同事」關係，兩人可以更自在地談話，也更容易並肩工作。

轉變成非正式角色，也使得兩位男士得以從彼此的信賴中得到好處。透過扮演朋友與同事的角色，庫茲涅佐夫暗示他不會把額外爭取來的時間，用於傷害卡拉登爵士或第二四二號決議案，而是會努力說服自己的政府。卡拉登爵士接受了這項個人請求，表明他對庫茲涅佐夫的意圖有信心。兩位外交官以私人身分做出的行動，促成了聯合國決議案順利通過。

## 警語：角色並非只是「別人的問題」

本章傳達的重要訊息，是你有很大的空間為自己和他人塑造有意義的角色。然而，絕大多數人沒有充分運用。有時候是我們沒有主動擴大自己的角色，但有些時候是被憤怒沖昏了頭，以致扮演了無益於自己和他人的角色。

羅傑記得有一次，一位飛行副駕駛因為憤怒而無法好好扮演自己的角色。羅傑當時是美國陸軍航空兵團的少尉氣象官，負責加拿大拉布拉多地區的古斯灣到冰島米克斯機場之間的氣象偵測任務。一個冬日，他們的四引擎B-17飛機在一萬呎高空飛行，機上滿載油料。當時天氣格外晴朗，萬里無雲。飛行員覺得無聊了：

爲了給機組員一點刺激，飛行員偷偷關掉最左側的一號引擎，並將推進器調整爲順槳。雖然B-17可以輕易依靠三顆引擎飛行，但我們當時在大西洋的正中央。距離我們最近的格陵蘭機場，因爲雲層太低而被迫關閉，冰島則還在幾小時的飛行範圍外。組員看到一具引擎失靈而露出懼色，這位自命不凡的飛行員覺得非常過癮，於是鬧著玩又關掉另外三具引擎，讓整架飛機順槳飛行。當飛機開始朝著結冰的北大西洋滑行時，機上一片死寂。

看自己把組員嚇得魂不附體後，飛行員打開幾個開關，並按下取消順槳按鈕，準備重新發動引擎，但引擎卻毫無反應。這時，正副駕駛才猛然想起，若要解除順槳、發動引擎，機上必須有電力。現在電停了，整架飛機停止運作。就算在地面機場，也需要靠外部電源才能發動引擎。

朝向冰冷大海滑行的漫漫過程中，我們聽到副駕駛對正駕駛說，「媽呀，你的麻煩大了！」

在此，我們見到副駕駛感受到角色衝突（以及很深的挫折感）。做為副駕駛，他的職責是確保飛機及乘客安全。做為惡作劇的受害者，他知道正駕駛闖大禍了，並認為解決問題是正駕駛的責任。然而身為人，活下去比什麼都重要。盛怒之下，他失去理智，扮演起受害者的角色。假如不是一位年輕中士主動擴大了自己的角色，羅傑不會活到今天來述說這個故事：

> 機上有一位隨機工程師，這位中士負責在我們抵達冰島之後維修飛機。幸好，他記得機上有一部手提發電機，以防我們需要在沒有空軍基地和地面電源的北格陵蘭簡易跑道緊急迫降。
>
> 飛行期間，中士毫無義務採取任何行動。但他想起這部發電機、跑到機尾、找到它，然後將繩索纏在飛輪上，拉了幾下。他又調整了化油器，重新纏上繩索用力一拉，這回啓動了發電機。他把電線接上飛機系統，我們有電了。當飛行員終於發動一具引擎、然後四具引擎全部恢復正常時，我們離海面只剩一哩的距離。
>
> 我們活著抵達冰島，如釋重負，搖搖頭表達對飛行員行爲的不以爲然。

副駕駛顯然認為解決問題是正駕駛的事，但這位隨機工程師不一樣，他主動為飛行員提供電力，重新啟動引擎。隨機工程師的體制角色從未要求他在空中採取任何維修行動，但他卻這麼做了。

## 回到績效考核案例

本章最後，我們來回顧瑞恩的案例。他是名職員，向丹尼爾請教如何應付即將來臨的績效考核。以下粗略描述丹尼爾給瑞恩的幾個建議。由於對角色意義的核心欲念經常糾結著其他核心欲念，我們將探討各項核心欲念的應對建議：

### ▼角色

首先談談如何改善瑞恩的體制角色與臨時角色。

**體制角色**。瑞恩把公司體制的角色視為天經地義，被動接受人們對這個角色的期待，例如打報告、服務客戶、加班做完專案。他喜歡這份工作，但無法得到自己期望的成就感。他希望獲得領導地位，又希望多花一點時間陪伴家人。他還喜歡打球，但忙得沒有時間運動。

與其被動接受體制角色，瑞恩可以試著在工作中納入新的活動。他可以跟上司討論如何提升他的角色，讓角色對雙方更有意義。他可以這樣說：「我的一個長期目標是成為公司高層主管。你可以建議我今年增加哪些活動來累積管理經驗嗎？有沒有哪些任務是我可以幫你的？」

至於多一點時間陪伴家人的願望，他可以這麼說：「內人每星期二會提早下班回家照顧小孩。我是否可以星期二加班，然後星期三多一點時間陪孩子？」關於他對運動的熱愛，他也可以跟上司商量每星期安排一、二小時「工作時間」，到當地社區中心指導學生的課餘體育活動。他的公司可以因為「良好的公共關係」與「成為更有幹勁的員工」而獲益，也為自己創造更有成就感的角色。

**臨時角色**。開會之前，瑞恩應認清自己習慣扮演受害者的角色，等著上司責罰。以前上司稱讚他時，他總是心不在焉，一心等待上司批評他的工作績效，然後才回過神來為自己辯解。受害者與防衛者的角色無法滿足他，也無法增進雙方的合作。

瑞恩可以查看臨時角色表，思索自己可以在會議中扮演哪些角色。什麼樣的角色有助於討論的進行？他可以扮演聆聽者，耐心聽上司陳述他的觀察，不隨意打斷。接著，瑞恩可以扮演腦力激盪者的角色，跟上司一起找出方法來提高他的績效，並滿足他的需求。

### ▼賞識

瑞恩一走進辦公室，就試圖揣摩上司的心情是好是壞。他讓上司當時的心情決定了會議的調性。若要建立融洽的關係，更好的方法是奠定有助於表達賞識的基調。當他真心讚美上司的努力，上司很難出言指責他的不是。

讚美必須真實誠懇。假如瑞恩用花言巧語奉承上司，上司可能覺得他在耍手段而感到不悅。考核會議之前，瑞恩可以準備二、三種說法，表達自己對上司和公司的真心欣賞。他可以用其中一項讚美做為開場白：「你知道嗎，我在公司待了六年，最大的原因就是你和其他經理建立的風氣。在這裡工作又直接又有效率，讓我學會如何更清楚地表達自己的訴求，也得到磨練技能的機會。」

同樣的道理，瑞恩不能討價還價要求上司賞識他：「如果你用四個詞彙誇我，我就回敬你兩句讚美。」他也不能威迫上司給予認可：「一天表揚我三次，否則我就辭職不幹了。」如果上司基於瑞恩的要求才表達讚美，瑞恩也會懷疑上司的話是否發自肺腑，或者只是敷衍而已。

儘管瑞恩不能強迫上司表達讚美，卻可以為他希望見到的行為樹立模範。舉例而言，他很沮喪上司不感激他為了及時呈交報告而付出的努力。然而，他也從未感謝上司為他撰寫評估報告的付出。更何況，瑞恩根本沒有認真聆聽上司對他的正面評價。不論瑞恩是否同意考核結果，他都應該仔細聆聽，並試著站在上司的角度看待事情。一旦上司覺得自己的訊息被瑞恩真心聆聽，上司愈可能認真傾聽瑞恩心聲。

會議結束後，瑞恩可以寫一封簡短的電子郵件，告訴上司他從會議當中學到了什麼、上司的建議多麼有幫助，以及他將如何依照建議改變自己的行為。他也可以請求上司更頻繁地提供回饋意見。這麼做不僅可以幫助瑞恩提升工作績效，同時上司也會因為自己的意見受到肯定而改善了兩人之間的關係。

### ▼親和感

瑞恩與上司彼此帶著敵意。瑞恩戒慎恐懼地進入辦公室，準備接受上司的精神「打擊」。他豎起了心理防備，隨時準備反擊上司可能對他個人或表現展開的「攻擊」。上司似乎也抱著同樣心態，他指出瑞恩的種種過失，並拒絕接受瑞恩的觀點。雙方的行為更像是戰爭的前奏，而不是旨在建立正面關係、加深認識的交流過程。

瑞恩與上司原本可以採用不同的方式，建立和諧的氛圍，一起面對相同的挑戰，設法讓組織的運作更有效率。企業成功達成使命，對他們倆都有利。與其排斥上司的負面回饋，瑞恩可以換個角度思索上司的評語，設法拉近兩人的關係。在上司指出瑞恩應該更認真完成總結報告時，瑞恩可以這樣說：

我的確沒能按時完成那份報告，但我無意怠慢客户。我試著在工作與家庭生活之間找到平衡點，我們是否可以花幾分鐘腦力激盪，找出辦法讓我既能夠陪伴家人，又可以提高工作效率？我有個想法，我可以在下班以後定時檢查辦公室的語音信箱，這樣一來，如果出現任何緊急狀況，就可以及時處理。我還會跟內人商量，如果有重要工作需要處理，我們要如何確保孩子有人照顧。你有其他想法嗎？

如果瑞恩稍做功課，他會知道上司是否有子女。假如上司是個鰥夫，帶著三個小孩，他可以試著利用身為父親和公司員工的共同角色與上司建立私人聯繫。他可以這樣問：「你是如何養育子女，同時在公司一步步往上爬的？」但這問題只有在瑞恩真心想知道答案的前提下，否則無法建立真正的情誼。絕大多數人都看得出真實情感與虛情假意之間的差別。

## ▼自主權

在會議中，瑞恩過度限制了自己的自主權。瑞恩把上司的回饋視為對「事實真相」的描述，只要無法同意上司的評語，他就會情緒洶湧，內心裡大聲吶喊：「我不是那種人！」

瑞恩不妨在腦中練習提高自主意識。他可以把上司的言論視為假設，然後獨自反思，或者跟妻子和同事聊聊，稍後再跟上司討論。由於會議上不再充滿防備，更能夠平心靜氣地聆聽，不做任何批判。瑞恩可以等回到辦公桌或家裡，在放鬆的環境中思索自己是否健忘、做事虎頭蛇尾，或者投入工作的時間不夠多、沒有善盡自己的責任。

假如不同意上司的某些評語，瑞恩該怎麼做？他有權利選擇自己的戰場，沒必要在事業前途上對無足輕重的小事維護自主權。（結案報告那件事真的那麼重要嗎？）如果上司說的內容確實茲事體大，瑞恩可以提出問題、弄清楚上司的意思，然後闡述自己的看法。

由於評估報告是由上司負責上交給公司，瑞恩認為他在會議上完全處於被動地位。並非如此。關於自己的工作表現，他有權利提出想法和資料。開會之前，瑞恩可以準備一份備忘錄，描述他認為自己哪些地方表現出色、哪些地方有待改進。這份備忘錄可以減輕上司一肩扛起評估工作的壓力。瑞恩還可以準備一些問題，詢問上司應該如何改善自己的工作績效，或者如何協助提升公司的策略方向。

### ▼地位

瑞恩掉入了一個觀念陷阱，誤以為兩人的地位是一場零和遊戲：上司的地位愈高，瑞恩的地位就愈低。這場會議演變成權力鬥爭，兩人都試圖「壓過」對方，證明自己的評估才是對的。然而，這是一條有害情緒的道路。

相反地，瑞恩可以運用地位來激發自己與上司的正面情緒。兩個人都有值得對方尊敬的特定專長。上司的決策能力和管理經驗勝過瑞恩，而瑞恩在組織基層第一線的理解上超越上司。因此，瑞恩應該對上司的強項表示尊重，並且把自己擅長、有助於組織發展的領域告訴上司。

瑞恩可以這麼說：「我在公司基層累積了許多歷練，而你有豐富的管理經驗。我是否可以跟你一起腦力激盪，找出鼓舞員工士氣、讓年輕同事更有幹勁的方法？」

## 小結

在談判中，你永遠找得到屬於自己的角色。然而在大部分情況下，如何扮演那個角色完全由自己決定。你有權利擴展體制角色參與的活動。不論哪一種角色，你都可以把注意力集中，對付無聊、乏味、令人沮喪或費時費力的事。你可以把角色定義得很狹隘，把工作局限在不得不做或別人要求你完成的事情上。然而，你可以自由塑造角色涉及的活動。同樣地，也可以自由選擇賦予你力量並有助於合作的臨時角色。

重塑角色也許得費一些力氣，但請不要放棄。嘗試看看，然後再試一下。長期下來，你就能塑造出符合自己喜好的角色。

第三部

# 處理情緒的實用建議

第8章

# 強烈的負面情緒：情緒在所難免，必須做好應對準備

生氣的時候，數到十再開口說話；如果非常生氣，那就數到一百。

——美國第三任總統湯瑪斯·傑佛遜（Thomas Jefferson）

生氣的時候，數到十再開口說話；如果非常生氣，那就罵罵髒話。

——作家馬克·吐溫（Mark Twain）

關於管理情緒，我們的通用建議是採取建設性行動。與其煩惱如何為情緒貼標籤、診斷背後成因並找出對策，不如設法以正面情緒壓制任何一種負面情緒。要做到這一點，你

可以表達賞識、建立親和感、尊重自主權、承認地位、選擇有意義的角色。

然而有時候，強烈的負面情緒，例如憤怒、恐懼或挫折感，可能影響對方的行為，導致他們停止聆聽、從此三緘其口，或者甚至憤而離去。同樣的，強烈情緒也會影響行為。你也許因為對方的某個言論或行動而耿耿於懷、氣憤難平。倘若對這些情緒置之不理，負面情緒很可能在心裡發酵升溫，阻礙達成明智的協議。

無論如何，強烈的情緒不難察覺。你確實需要在情緒壓垮自己的談判能力之前，給予負面情緒應有的重視。

## 相應案例

「漢堡兄弟」是一家全國性的食品連鎖集團，正跟熱門球隊「超襪隊」的業主進行談判。近兩年前，球隊的律師兼合夥人「珊卓拉」，曾跟漢堡兄弟的律師「比爾」，分別代表兩家企業簽訂一份商業協議，其中包括下面這項條款：

漢堡兄弟同意支付超襪隊兩千萬美元，購買使用在杯子及紙袋球隊的商標權，爲期兩年。在此期間，漢堡兄弟擁有於主場球賽獨家販售漢堡的經營權。此外，超襪隊同意透過傳播網路，包括球賽記錄表、球場圍牆、賽事播報等等媒體，宣傳漢堡兄弟及其商品。

最初的協議簽訂近兩年後，漢堡兄弟的高層主管對於超襪隊沒有盡心盡力為他們宣傳感到愈來愈失望。當漢堡兄弟執行長到球場看球，卻只在球賽紀錄表背面看到漢堡兄弟的一小塊廣告時，不滿情緒升到最高點。

合約到期的兩星期前，超襪隊主管主動邀約漢堡兄弟，希望針對續約事宜重新展開協商。珊卓拉安排時間與比爾開會。他們在兩年前的協商過程中建立了良好的工作關係，但從簽約後的這兩年來雙方未曾見面交流。

「嗨，比爾，眞高興見到你，」珊卓拉說。

「有陣子沒見了，」比爾說。

「我們直接進入主題吧，」珊卓拉微笑著說，「我們跟你以及漢堡兄弟的合作相當愉快，非常樂意繼續合作。我們甚至願意增加一些服務，當然，以合理的價格爲前提。」

「算了吧，」比爾雙手抱胸說，「你們上一回並沒有履行承諾。」

「什麼？」珊卓拉震驚地說。

「你原本說我們會是超襪隊的主要客户，但我覺得我們不過是三十位客户當中的一個。我們付了錢，卻沒有得到應有的服務。如果要繼續合作，你們至少得降價四百萬。那是漢堡兄弟執行長親自下達的命令。」

「絕不可能！這是我頭一次聽到抱怨。我的團隊一直很努力替你們做事。」

「我聽到的不是這樣！」

「誰說的？再說，你不能責怪我，至少現在不能！你爲什麼不在去年提出問題？或兩年前？」

「我當時並不知道事情的嚴重程度。」

「你不能打電話給我嗎？現在才提出問題眞是太荒謬了！」

「荒謬？兩年前，我在執行長面前替超襪隊大聲遊說，漢堡兄弟才同意簽約。要不是我替你們背書，這一切都不可能發生。然而你們卻沒有善盡應盡的義務。所以，別跟我說事情太過荒謬！」

隨著比爾與珊卓拉的爭執愈來愈激烈，強烈情緒開始蒙蔽了他們的思考能力。儘管繼續合作或許對雙方都有利，但他們出現汙辱對方的言論或行為，大大降低了雙方續約的可能性。

這種某個人或某家公司未能達到另一方的期待的情況屢見不鮮，而且會引發強烈情緒。好比你們聘僱很久的打掃阿姨最近工作態度愈來愈馬虎，卻跟你要求加薪，外加兩星期的帶薪假。又好比兩個月前，你的主管答應擔任你的導師，幫助你轉換到新的職位，卻一直抽不出時間見你。

還有無數的情況會引發強烈負面情緒。某個人可能背叛你們的友情、暗示你能力不足，或在你背後搞小動作。他或她可能不理會某個議題對你的重要性，以不公平的方式對待你，或者忽視你的想法。冒犯人的方法不計其數，但有一點是確定的：強烈的負面情緒在所難免，最好隨時做好應對的準備。

在本章，我們將提出建議，對症下藥，告訴你如何處理強烈的負面情緒，包括你自己的和對方的。我們將描述強烈負面情緒為什麼有礙雙方達成協議，並提供一套策略，幫助你積極處理各種負面情緒。

## 強烈負面情緒導致談判脫離正軌

強烈負面情緒為談判者帶來兩大問題。首先，窄化視野導致你縮小注意力範圍，只專注在自己的負面情緒上。如此一來，你的思路將偏離正軌，無法清晰且靈活地思考。

想像兩個團隊正在談判，全場只有一位女性成員。她每次發言，對方的首席談判代表就打斷她的話，或是將目光轉向另一個地方，彷彿她無足輕重，說話內容不值得聆聽。她愈來愈生氣，到最後只全神貫注一件事：對方首席不認同她。狹窄的視野妨礙了她對實質議題的思考，以至於無法提供意見，這對她個人或對方都是一大損失。

其次，強烈情緒讓人得脆弱，進而影響行為。隨著情緒逐漸升溫，可能做出讓自己後悔不已的事。你可能無法顧及行為可能造成的後果，尤其是長期後果。例如，你可能一時氣憤下辱罵你的另一半（落得在沙發上睡覺的下場），或者在會議上氣沖沖離席（讓老闆失望，升遷的希望也隨之落空）。

更糟的是，情緒會互相感染，愈演愈烈。你的怒氣可能激發對方的怒氣，正如你也可能感染他們怒氣一樣。強烈的負面情緒如滾雪球般愈滾愈大。愈早處理你或對方的強烈負面情緒，愈能保護自己不被情緒壓垮。

## 檢查情緒溫度

不論強烈情緒從何而來，要避免情緒升溫，首先必須意識到情緒的存在。方法就是，在談判中頻繁檢查「情緒溫度」，在失去理智前攔截情緒。

### ▼測量自己的情緒溫度

和量體溫不同，不需要精確判讀情緒體溫究竟是三十七度還是三十八度。也不需要知道你感受到的究竟是哪一種情緒，甚至不需要問為什麼。你只要知道，情緒對自己造成的影響程度。要測量你的情緒溫度，只需自問：

- **我的情緒是否「失控」？**已經越過沸點。（我已脫口說出不該說的話。）
- **我的情緒是否「危險」？**已經過熱了，很快就要爆發。
- **我的情緒是否尚「可管理」？**在控制範圍內。我不僅意識到情緒存在，也有能力約束情緒。

要回答上述問題，需要迅速評估當下對情緒的駕馭能力。是否控制自如，還是得強忍著自己不跟對方惡言相向？如果已被情緒占據心力，無暇他顧，這時的情緒溫度至少已達到「危險」程度。

### ▼評估對方的情緒溫度

交涉對象同樣會出現強烈情緒，其中可能包含負面情緒。如果沒注意到對方怒火中燒，他們的情緒可能爆發出來，導致不愉快、甚至慘重的後果。

問題來了。談判過程中，人們有成千上萬種行為，諸如迴避眼神、大聲說話或捶打桌子。面對如此五花八門的行為，你如何判斷對方的情緒溫度？

把自己當成一名優秀偵探，留心任何不尋常的舉動。雖然無法確切指出對方感受到哪一種情緒，但不尋常的行為可以幫助你察覺對方的情緒正逐漸升溫。他們的聲音是否愈來愈大？是否改變了聲調？或者是否壓低了聲音，甚至太過安靜？他們的臉部表情是否變得僵硬？是否漲紅了臉？他們遲到很久，卻沒有給任何的解釋？

只要稍做觀察，就可以初步掌握對方的正常行為模式。他們是否一貫友善？不愛說話？嗓門一直很大？雙方首度針對實質性議題展開談判之前，不妨先私下會面，例如邀請對方一起用餐或喝咖啡。這種場合不僅提供了拉近彼此距離、建立親和感的機會，也有助於稍微了解對方的「正常」行為模式。你會得到更多資訊，藉此判斷他們的情緒何時變得煩躁。

要測量對方的情緒溫度，還可以暫時站在他們的角度，體會他們的核心欲念有沒有得到滿足。他們有怎樣的感受？你的遲到是否讓他們覺得自主權受到侵犯？發現你跟他們的競爭對手接洽後，他們是否心生嫌隙，甚至覺得被背叛？捫心自問，這些欲念的重要性是否足以激發對方的負面情緒？

## 出現負面情緒之前制定緊急應變計畫

應付強烈負面情緒的對策，最壞的時機莫過於出現情緒的當下。想像一下，如果醫護人員等到每位病人抵達急診室才開始思索治療辦法，那會是什麼情況？肯定一團混亂！相反地，急診室制定了一套標準作業流程，從護理師到外科醫生，都必須遵從這套流程來治療走進醫院大門的每一位病人。談判者需要制定自己的標準作業流程，以免毫無防備地遭受強烈負面情緒襲擊。這樣的流程可以幫助你免於受情緒擺布。

緊急應變計畫的目標不在於擺脫強烈情緒。不論正面或負面，每一種強烈情緒都透露出有關核心欲念、背後訴求及無形障礙的訊息。強烈情緒也會激勵談判者努力達成協議。談判者的熱情具有感染力，可以促成雙方長期合作，就像長時間說服雙方達成醫治共識的調解者，表現不耐煩情緒可能迫使雙方達成和解。無論如何，強烈情緒有其作用，你最好不要忽略情緒帶來的能量與資訊。

相反地，對於如何處理強烈情緒以及情緒背後的問題，你會希望自己有能力做出清醒、聰明的選擇。明智的行動必須兼顧情緒與理性，但若要理性審視你的情緒，必須先設法平復情緒。

## ▼平復心情：降低你的情緒溫度

撫平逐漸升溫的情緒，會更有能力思索情緒透露的訊息、判斷該如何應對。平復情緒的方式林林總總，但基本概念無非設法將情緒溫度降到可以控制、比較平靜的狀態。你應該控制情緒，而不是被情緒控制。

如何應對危險或失控的情緒？在氣頭上或灰心喪志的時候，你很難想方法緩解自己的強烈情緒。因此我們建議，趁你現在有能力清楚思考，就選擇一種自我安撫的方法。下次當你發現情緒往危險方向發展時，這個方法就能派上用場。以下是產生情緒時的安撫方法：

- 從十開始慢慢倒數。
- 深呼吸三次，用鼻子吸氣，嘴巴吐氣。
- 暫停一下。找個安靜舒服的地方獨坐片刻，思索事情的利弊得失。
- 利用上廁所或打電話的機會「找理由」休息放鬆一下。想想如何繼續推動談判。
- 想像一個讓你放鬆的環境，例如沙灘、灑滿陽光的森林，或一場交響音樂會。
- 改變話題，或至少稍微轉移注意力。
- 採取舒服的姿勢：往後靠、盤腿而坐、雙手放在腿上或桌子上。
- 把令人生氣或不愉快的話當成耳邊風，置之腦後。
- 回想你事先準備好的退路。

安撫自己的最佳辦法，是自問「這件事情對我有多重要」？某些談判者動輒把每件事情都當成大事，為了無關緊要的問題而情緒沸騰，就像長年爭吵不休的夫妻一樣。亞里斯多德說得好：「生氣很簡單，每個人都會生氣。但是為了對的目的、在對的時間、向對的人發剛剛好的火，那就不容易了。」

談判者的情緒波動幅度大小，取決於他們如何衡量問題的嚴重性。每個人都可以把問題看成一個小錯誤，或者視為「重中之重」。冷戰期間，在麻州近海，一艘蘇聯拖網漁船拉起了新貝德福一位漁民的龍蝦捕籠，還吃掉了龍蝦，恰好被一架美國飛機逮個正著。究竟該如何描述這起事件，美國政府面臨了選擇。應該視為蘇聯入侵美國海域的大事？還是如美國政府最後做出的明智決定，當成新貝德福漁民與拖網漁船船長之間因龍蝦捕籠而起的爭執？

有時候，你可能得等到會議或討論結束之後才有辦法平復心情。在談判後的休息時間，或是一通令人心煩意亂的電話之後，你可以嘗試以下四種方法：

- 聆聽能讓心靈平靜的音樂。
- 轉移注意力：看幾分鐘電視、打電話給朋友、看看報紙。
- 出門散步。不過，別滿腦子想著誰該為引發怒火的局面負責。試著理解對方的立場，想想如何收拾局面。
- 原諒：拋開怨恨。

### ▼安撫他人：平復對方的強烈情緒

有些談判者為了取得優勢，故意表達出強烈負面情緒，希望我們做出巨大讓步來回應。我們可能為了避免衝突或降低對方出現不理性行為（例如終止談判），忍不住想安撫他們的情緒。好比說，有時候我們會用冰淇淋來「收買」子女，央求他們不再生氣。然而隨著孩子愈來愈大，這套策略也變得愈來愈昂貴、愈來愈不明智。「如果你停止哭鬧，我就買腳踏車給你。」「你想要一輛車？好吧，不過你最好適可而止，別再吵著要其他東西了。」想得美！到了這個時候，孩子早已學會把憤怒或其他負面情緒當成手段，獲取他們想要達到的目的。

不論跟孩子或談判對手打交道，獎賞負面情緒無異是壞了規矩。不可否認，我們的讓步能讓生氣的人變開心，但也只是一時之效。長此以往，他們也學會了靠表達強烈負面情緒來滿足自身的實質利益，而且愈強烈愈好。

當一個人的憤怒、挫折或窘態是真實的，安撫他們的情緒確實有助於冷卻局面，讓談判繼續朝積極方向前進。但你有其他更好的方法來安撫對方的強烈情緒：

**認可對方的顧慮**。若要安撫強烈情緒，最有效的辦法莫過於認可對方的顧慮。人們通常希望你意識到他們正在生氣或難過，並且從中發現這些情緒的顧慮有其道理。除非你認可對方的體驗，否則他們的情緒張力不可能減弱。

回想第三章的內容，認可與賞識的表達有三大要素。你必須理解對方的觀點；從對方的想法、感受或行動中發掘優點；並傳達你的理解與賞識：

聽起來，你因爲我們尚未達成協議而感到挫敗〔你表達理解〕。鑒於你在這份新草案投入了許多時間，我可以理解你爲什麼有那種感受〔傳達你從對方觀點中看到的可取之處〕。

**休息一下**。與其等著惱怒的人大發雷霆或憤然離去，不妨以自己的需要為藉口，要求暫時休息一下，藉此機會表達對雙方情緒的理解：

> 事情的發展讓我相當不安，我猜你也一樣。你是否同意先休息十五分鐘，想想如何加強雙方的合作，以免彼此浪費大量時間，白白折騰一場？

休息如果得法，確實能紓解負面情緒。休息期間，雙方都不該想著是誰造成當前的緊張情勢，而該思索如何繼續向前。

如果雙方不是太緊張或太生氣，短暫休息能讓你們重振精神。不過，強烈的情緒很容易死灰復燃。如果緊張氣氛顯而易見、火爆場面一觸即發，五到十分鐘的休息或許可以暫時減壓，但絕不足以讓生理機能恢復正常。要調整身心機能，可能需要更長時間。

**換人或換地點**。如果某個人的情緒溫度已達到「沸點」，你可能想換人或換地點平復對方情緒。你可以這麼說：「我們先讓兩位助手討論半個鐘頭，針對後續事宜腦力激盪出幾個點子，然後再回來討論。」或者建議下次在某個中立的地點會面。在國際談判中，會面地點通常選在遠離兩邊媒體、選民或同事的地方，以免雙方太容易受到情緒牽動。至於日常談判，改變環境也有助於改變情緒氛圍。在咖啡館、庭院或餐廳舉行商務會議，可以對與會者產生鎮定作用。

## 診斷強烈情緒可能的觸發點

平靜下來後，我們必須決定如何處理剛剛發生的情緒。如果不弄清楚最初引發強烈情緒的誘因，就有可能重新點燃情緒。然而，找出情緒的誘因並非易事。強烈的負面情緒告訴我們某些欲念未獲得滿足，但沒有指明哪一種欲念。在理解情緒想要傳達的訊息之前，情緒往往縈繞不去，纏著我們不放。唯有理解這類訊息，以及訊息與當前局勢的關聯，才能採取適當的矯正措施。

### ▼核心欲念是可能的觸發點

有許多原因會引發強烈情緒。可能因為找不到可行方案、飢餓、睡眠不足，或者出價跟賣方接受價相距太大而感到挫折。

除了這些原因，核心欲念通常也能激發強烈情緒。當察覺自己和對方都不開心，不妨將五大核心欲念梳理一遍。問問自己：「這個強烈情緒是不是被某個核心欲念激發的？哪一個？雙方的哪個言論或行動可能戳傷了彼此的核心欲求？」

### ▼提出問題來驗證假設

即便對激起對方強烈情緒的誘因很有把握，仍應該質疑自己的假設。你可以暫時放下紙筆，抬頭注視對方，然後問：「我是不是說了什麼或做了什麼惹你生氣？」

我們往往輕易假設自己知道某個人為什麼會有某種感受。事實上，我們可能錯得離譜。羅傑的一位哈佛法學院同學在同學會上說了個故事，就是假設錯誤的好例子：

有一天午夜，內人叫醒我，因爲她的身體右側劇痛，一碰就疼。她還微微發燒，我懷疑是闌尾炎。打電話給一位認識的外科醫生，叫醒他，跟他描述狀況，並請他到醫院跟我們會合。

弄清楚我是誰後，他叫我放寬心。「給你太太吃兩片阿斯匹靈，」他建議，「讓她回床上繼續睡覺。」

醫生確信不是闌尾炎。我告訴他我很擔心，並問他爲什麼如此肯定不是闌尾炎。他說他非常清醒，而且充分了解狀況。他說他是醫生，我不是，我們每個人都應該回床上睡覺。

當我繼續追問醫生，才發現他的強烈自信是建立在一個假設上。他記得曾在五、六年前切除我妻子的闌尾，並且說，「沒有哪個女人有第二條闌尾。」

我告訴醫生，他說得沒錯，但是某些男人會有第二任妻子，現在可以請他到醫院跟我們會合嗎？

## 做出情緒反應之前，先弄清楚你的目的

強烈情緒告訴我們某個欲念可能沒有獲得滿足，並且催促我們立刻想辦法滿足這項欲念。我們也總是得立刻處理自己或他人的強烈情緒，希望因此減輕內心的折磨，或消除他人朝我們撲來的負面情緒。

衝動的行為可能讓人忽略重要目標。如果強烈情緒失控，我們每個人可能忙著根據對方的刺激做出回應，而忘記了自己的初衷。如果沒有充足的時間思考，情緒溫度會持續升高，談判也會面臨更大風險。原本直截了當的金錢交易，很可能演變成地位或自主權的競爭。

如何判斷表達情緒的最佳策略？答案就是認清你的目標。只要心中有明確目標，便可

以輕易挑選出有益的情緒處理策略。

舉例來說，如果你的目標是告訴客戶他們的不近人情對你造成了什麼影響，你最好利用喝咖啡時間，在客戶不必為你的服務付費時告訴他們。如果你的目標是發洩心中的強烈負面情緒，你不妨先跟你的另一半或值得信任的同事聊一聊。在談判當中，表達強烈負面情緒一般有四種目的：

- 釋放情緒
- 告知對方，他們的行為對你產生了什麼影響
- 影響對方
- 改善關係

### ▼目的1：釋放情緒

強烈的負面情緒很難克制。正如熱戀中的人恨不得昭告天下，極度憤怒的談判者也希望宣洩情緒造成的精神壓力。釋放怒氣的一個誘人方式，就是發洩。所謂發洩，指的是我們公開對某個人，通常是惹我們生氣的人表達憤怒，毫無保留。以剛剛結束雙方七年婚姻的「約翰」和「露易絲」為例：

他們有兩個孩子，平時由露易絲照顧，週末則交給約翰負責。接連好幾星期，約翰都沒有準時把孩子送回露易絲的住處。約翰第一次遲到時，露易絲沒說什麼，她想：「爲了孩子，兩人最好保持良好關係。」約翰第二次遲到後，她還是保持沉默，但這回費了好大的勁才忍住不說。到了第三個星期，露易絲認爲最好的辦法，就是對約翰發火。但是，那是明智的決定嗎？

**發洩情緒可能讓情況雪上加霜。**發洩情緒通常弊大於利，朝惹我們生氣的人發火，後果可能不堪設想。想想看，發洩情緒會對露易絲和約翰的互動造成什麼影響？隨著露易絲愈來愈惱火，她漸漸認為約翰藐視她或「虧待」她。

她心想：「他怎敢超過規定的時間還把孩子留在他身邊？」挫敗感在露易絲的心裡發酵，當他第三次遲到，她大步踏出大門，氣勢洶洶衝到他的車旁大吼大叫：「你不會看時間嗎？你遲到了，你老是遲到！現在是我跟孩子們相處的時間，不是你的！你總是這樣！」

約翰反擊說：「如果不是一開始你送他們來的時間遲了，他們說不定就能準時回家。你不能剝奪我跟孩子相處的時間。你老是喜歡那樣子控制我。」

雙方你一言我一語，發洩的力度愈來愈高。每次有人提出攻擊，另一方就會想辦法為自己辯解。愈吵兩人愈相信自己是「對的」，而且隨著火氣愈來愈大，雙方漸漸以非黑即白的角度看待情況：「我是對的，我的前妻（或前夫）是錯的。」因此，兩個人愈覺得自己有權利生氣。這種過程可以輕易導致情緒爆發。

**將焦點放在理解，而不是責怪**。隨著情緒升溫，你必須意識到自己可能出現責怪對方的衝動。你或許會對同事嘀咕：「都是你害我們沒有準時交出提案！」你也可能怪罪自己：「我怎麼那麼笨，居然忘了確認提案繳交時間！」

不論對象是他人或自己，責怪都毫無益處。責怪通常只會引發自我辯白、批評與負面情緒的惡性循環。

另一種做法是重新集中注意力，設法理解情緒背後的「訊息」。如果正在氣頭上，你可能很難做到這一點（遇到這種情況，你應該先讓自己平靜下來）。不過，如果覺得自己能做到，不妨探究是哪個核心欲念引發了你的情緒。若能找出令你和對方心煩意亂的緣由，你會稍微好過一些。至少，知道什麼原因讓你心煩，就能採取相應的矯正措施。讓我們看看，如果露易絲採用上述建議，會發生什麼狀況：

約翰抵達以前，露易絲先花幾分鐘分析自己的強烈負面情緒。露易絲意識到，約翰反覆遲到、沒有事先徵得她的同意，使她覺得自主權受到侵犯。這項新的認知帶給她力量，幫助她釋放壓力。等到約翰抵達時，她已經有能力清楚表達她的顧慮。露易絲不再吼著：「眞是個不負責的爸爸！你沒有在約定的期限以前把孩子送到我家，」取而代之說：「我有點苦惱。我以爲我們談好了送回孩子的時間，是我搞錯了嗎？我今天提前結束會議，就爲了能準時回到家。」聆聽約翰的說詞後，她決定更深入理解，於是問：「你如何看待這個情況？你有沒有什麼建議可以減少這樣讓彼此心煩的機會？」

然而有些時候，你的情緒過於強烈，全世界的理性建議似乎都派不上用場。你只想發洩情緒。這種情況下，我們強烈建議你謹愼行事。

**如果選擇發洩，小心不要進一步合理化你的憤怒**。和某人談論你的強烈負面情緒時，要意識到你可能只是給自己的怒氣找到新的藉口。對方可能不認為你有充足的理由生氣，但你卻被自己的藉口說服。不論跟同事、朋友或惹你生氣的人，愈合理化自己的憤怒，就愈相信自己有理由生氣。你的憤怒沒有獲得宣洩，反而愈來愈強烈。

**不要離題**。為了避免無止盡的自我辯駁，不要在對話中扯上過去的恩怨。「欸，跟上次一模一樣，你……」雖然約翰和露易絲爭論的主題是準時送孩子回家，但兩個人都離題了。露易絲攻擊約翰：「你老是遲到！」約翰反咬一口：「你老是喜歡那樣控制我。」這些辱罵與攻擊，將一場可控的爭執轉變成失控的混亂局面。

我們建議你專注處理眼前的情況。立下規則，雙方不得重提舊事或相互攻訐。唯一能提出來的議題，必須跟眼前的情況直接相關。立下第二條規則：假如第一條規則被打破了，雙方暫停片刻，思索如何才能更有效地繼續討論下去。

**向第三方發洩，不要向惹你不高興的人發洩。**即便向無關的人，例如好朋友，發洩情緒，都可能存在風險。如果朋友無條件站在你這邊，他或她可能會強化惹你生氣者的負面觀感。

例如，約翰送回孩子之後走進附近一家酒吧。約翰明白，爲了孩子，他應該跟前妻保持良好關係，但是和露易絲之間的互動讓他挫敗。他約了一位好友在酒吧見面，立刻開始大吐苦水：「該死的露易絲！她失去理智了！她簡直就像挾持孩子，實在太過分了！」

約翰的朋友表示贊同：「是啊，聽起來眞荒謬！她沒有權力那樣霸占你的孩子！」

於是，約翰更加合理化自己的偏見，導致他和露易絲之間的憤怒情緒愈來愈強烈。

為了避免宣洩情緒變成一場自圓其說的盛會，我們建議不要直接對惹你生氣的人發脾氣。相反地，你應該向立場公正的朋友或同事表達情緒，他們可以調節你的觀點、平衡你的自我辯駁。例如，送回孩子後，約翰可以打電話給能夠調節他的觀點的密友。約翰說：「我剛剛又跟前妻吵了一架，我需要稍微宣泄怒氣。你有幾分鐘時間，聽我說說發生了什麼事嗎？我會很感激你的意見，因為我覺得我現在已經氣昏了。」

**替對方發洩**。如果向自己或密友發洩情緒，小心不要愈說愈氣，讓情況變得更糟。一個有用的方法，就是代替對方宣泄情緒。他們會說什麼？他們會如何描述這場衝突？藉由站在對方的立場宣泄，你將更深入理解他們的觀點，進而舒緩了自己的強烈情緒。

**寫封信給惹你生氣的人，但不要寄出去**。請第三方幫助你處理強烈情緒的做法有時候並不可行，也不討喜，因此你大可以自己解決情緒問題。談判結束後或休息期間，寫封信或電子郵件給傷害了你的人，這麼做或許會有幫助。在信中描述對方的行為對你造成的影響，並且以一段話說明如何讓談判繼續下去。最後，不要寄出這封信。別交給對方，或至少先冷靜個一、二天，用清醒的頭腦判斷這封信是否能幫助你達到談判目的。你可以跟值得信賴的同事分享這封信和這段經驗，並徵詢他們對這件事情的想法。

## ▼目的2：告知對方他們的行為對你造成了什麼影響

表達強烈情緒的第二個目的，是讓對方知道他們的行動對你的情緒造成什麼影響。談判對手的言論或行為可能嚴重影響你的情緒，如果你明確表達他們的行為對你造成了影響，對方或許更能理解你的情緒體驗。

舉例來說，一名年輕的醫學院學生被分發到一位中年醫生的門下實習。在醫院會議中，導師經常拿解剖學知識拷問她。每次回答錯誤，他的標準反應就是用諷刺的口吻說：「多讀點書吧！」她覺得導師特別喜歡挑她毛病、用言語羞辱她。不過，她並未假設對方出於惡意，並向導師發洩情緒，相反地，她私下約見導師，平靜地訴說他的評語對她造成了什麼影響：

「我很感激您撥出時間見我，我接下來要說的話，對我而言並不容易說出口，」她說：「每當我沒有正確回答您的問題時，就覺得無地自容。我很用功讀書，卻開始覺得自己在醫學領域毫無成功機會。我正在考慮輟學。」

她的話讓導師驚訝得瞪大了雙眼。他向她透露，他每年都會挑出學業表現特別優異的一名學生，然後鞭策這名學生登峰造極，而她是今年雀屏中選的學生。

對這名學生而言，向導師描述他的行為對她造成的影響，收到了很好的效果。然而，如果他帶著敵意回應，直視她的雙眼說：「如果非要輟學，那就輟學吧。如果這個地方不適合你，那就換個地方吧。」這時，她應該怎麼做？

她可以將那段話對她造成的影響告知對方：「這所學校那麼大，我迷失了方向。當你叫我換個地方時，你並未給予我當前所需的指引。」導師也許仍然拒絕幫助她，但他此刻至少更清楚理解年輕醫科學生的經驗與情緒需求。

## ▼目的3：影響對方

表達強烈情緒的第三個目的，是影響談判對手的行為。藉由表達情緒張力，顯示某項訴求對你的重要性。

在此，我們需要區分兩種情況。第一種情況，談判者坦白表達真實的強烈情緒（他們在其他時候可能不會如實表達這些情緒）。他們袒露真誠的情感，希望藉此感動談判對手。

另一種情況則截然不同，談判者為了誤導對方而佯裝心煩意亂。相對於袒露真正影響他們的強烈情緒，這種情況中的談判者更像是演員，設法迷惑對方，佯裝自己被某種強烈的負面情緒左右。然而，這種做法的目的與前一種狀況殊無二致，也是希望影響談判對手的行為。

當我們有意識地考慮運用情緒影響談判對手，不論袒露當下的真實情感，或佯裝出某種強烈且無法控制的情緒，兩種情況的區別，或許不像前面兩段話描述的那樣涇渭分明。有時候，表達強烈情緒是一種策略行動，旨在影響對方的行為。像是要求青少年做家事，父母親講再多道理效果也比不上大發雷霆。強烈表達憤怒可以勸誘其他人以更有利於你的方式行事。為了讓談判對手做出讓步，你是否應該怒氣沖沖離席？撕掉筆記？提高嗓門？不論你做什麼，對方也可能為了左右你的行為（例如對方希望你提高報價買他們的房子）而表達不實的強烈情緒。

表達強烈情緒可以用來改變他人對你的印象。例如，一名資深律師認為新來的律師個性軟弱、被動，沒有能力處理比較難搞的大客戶。察覺資深律師對他的看法後，年輕律師可以在會議上情緒激昂地堅持自己的意見，藉此樹立強硬形象。

一個人的真實情緒，往往無法一眼看穿。情緒狀態模糊不清，助長了談判者出現虛張聲勢、誤導或欺騙的行為。本書曾提過，信任他人涉及了風險分析。每一個盜用公款者都曾被人信任，而且是錯誤的信任。請小心謹慎，不要給予過度信任。另一方面，當談判者值得信任也受到信任，通常能達到較好的談判結果。若想使詐或誤導對方，要注意這項策略的代價與風險。請做出能讓自己、孩子和其他人引以為傲的行為，如此能為你帶來更大的快樂。

## ▼目的4：改善關係

表達強烈情緒的第四個目的，在於維護或建立你與他人的關係。許多談判者必須一再跟彼此打交道。正如一段婚姻，沒有處理好隱藏於緊張關係背後的暗流，可能會傷害雙方的合作能力。談判者以愈來愈負面的眼光看待彼此，殘留的情緒日積月累，直到雙方都不願意繼續跟對方交流。

有兩種重要策略可以用來改善關係。首先，說明你的行為動機。太多時候，談判者以最壞的假設解釋對方的行為，只要澄清你的意圖就能解決這個問題。例如，對方可能懷疑你之所以起草合約，是為了讓合約內容更偏向你的利益。如果情況並非如此，你可以簡單地說：「我之所以草擬提案，是因為時間非常緊迫，我希望提高雙方的合作效率。請隨意提出修改意見，因為在現階段，我認為雙方的任何提議都不是最後定案。」

其次，如果你的言論或行為導致對方出現強烈負面情緒，道歉或許可以化解對方的憤怒。用一句「我很抱歉」就能改變雙方關係的走向，這種做法特別划算。一個及時且真誠的道歉，可以大幅修補一段關係的裂痕。有效的道歉包含幾個關鍵元素：承認你的行為影響了對方情緒、表示後悔，並承諾不再重複同樣的負面行為。比起來，「我很抱歉對你造成了傷害」的說法，效果遠遠不如「我為我的踰矩行為以及對你造成的傷害感到抱歉」。

## 給漢堡兄弟和超襪隊的建議

現在，我們回顧漢堡兄弟談判代表比爾和超襪棒球隊合夥人珊卓拉之間的談判。如果比爾和珊卓拉可以回到過去重新來過，我們可以分別給他們什麼建議，幫助他們更有效地處理自己的強烈負面情緒？

### ▼給漢堡兄弟談判代表比爾的建議

比爾無疑處境艱難。他需要把三組關係處理得井井有條：

- 首先是漢堡兄弟與超襪隊的關係。這兩家公司若希望順利合作，就需要拉近彼此距離，並且互相信任。
- 其次是比爾與珊卓拉之間的特定關係。過去，比爾曾跟珊卓拉合作愉快，但比爾這次必須向珊卓拉傳遞負面消息。
- 第三是比爾跟漢堡兄弟執行長之間的關係。由於當初是比爾向漢堡兄弟執行長力薦與超襪隊合作，比爾自己的信譽面臨了危機。

**制定強烈情緒的緊急應變計畫**。比爾意識到，他跟珊卓拉會面當下，以及會面之前和之後，都有可能出現強烈情緒。由於攸關三組關係，他花了一點時間制定一套緊急應變計畫，準備用來緩和他的強烈情緒。比爾決定，如果察覺自己的情緒升溫，就做三次深呼吸，鼻子吸氣，嘴巴吐氣。假如珊卓拉的情緒溫度升高了，他先試著理解對方的觀點，如果這麼做沒有太大效果，他會建議：「雙方稍做休息再來找出推動談判的方法」。

**診斷強烈情緒的可能誘因**。都還沒開始談判，比爾就診斷出，一旦他提出漢堡兄弟對超襪隊的廣告力度有所不滿，很可能會戳痛珊卓拉的某些核心欲念。他在紙上寫下這幾項核心欲念，以及慾念分別可能受到的傷害：

- 親和感：珊卓拉和我共事很長時間了。她可能覺得我背叛了兩人之間的關係。
- 自主權：此刻提出廣告問題，可能會激怒珊卓拉。她沒有辦法挽回過去的錯誤，甚至可能以為我之所以提出這個問題，是為了逼迫她在未來的合約中做出更大讓步。
- 賞識：她可能認為我不理解或重視她對於局勢現況的看法。我應該特意提出問題，設法了解她和超襪隊曾為我們做了些什麼。
- 地位：她是超襪隊的合夥人，如果我質疑球團的辦事能力，她可能覺得自己地位受到貶低。我們考慮終止與超襪隊合作，或許更讓她覺得受到輕視。
- 角色：珊卓拉喜歡扮演腦力激盪者的角色，針對廣告和行銷議題進行創造性思考。

這次會談或許不會朝那個方向進行，至少不會立即如此。

**釐清表達強烈情緒的目的**。比爾自問：「我對珊卓拉和超襪隊表達憤怒的目的是什麼？」是向珊卓拉發洩情緒嗎？不。那會危害長久關係的潛在利益。我最好跟妻子抒發我的挫折感，她會幫助我約束情緒、制止我自圓其說。

我的目的是告訴珊卓拉，超襪隊的失職對我和漢堡兄弟造成了什麼影響嗎？是的。如果珊卓拉理解超襪隊缺乏做為所導致的問題，將有利於雙方日後的合作。如果珊卓拉得知漢堡兄弟執行長在生我的氣，或許更能諒解我的處境。我可以從許多角度描述超襪隊顯然沒有履行為漢堡兄弟登廣告的承諾，也可以讓珊卓拉知道：「我告訴我的老闆，你們會是最好的合作夥伴。我不滿意現在的情況，那讓我很沒面子。」

我的目的是影響超襪隊的做為嗎？是的。我希望表達足夠強烈的情緒，讓珊卓拉明白情況確實需要改善。我的目標是說服超襪隊加強廣告力度，或許連帶整頓導致當前局面的球團組織問題。

我的目的是改善關係嗎？是的。不論工作上或私底下，我都十分敬重珊卓拉。我們曾經合作愉快。如果我尊重她，並且以有益於合作的方式與她共事，我們的關係或許會更加穩固，友好地化解雙方的重大分歧。

**降低情緒溫度**。和珊卓拉會面的十分鐘前，比爾注意到他的情緒溫度已竄升到危險的程度。他的手心冒汗，無法集中精神，焦躁不安。按照計畫，他慢慢深呼吸三次，感覺情緒稍微穩定下來。

有了這樣的預備措施，面臨即將展開的會議，比爾已準備好應對隨時大起大落的情緒。比爾知道，自己或珊卓拉的情緒如果急遽升溫，他應該如何處理。他也知道表達強烈情緒的目的何在。這樣的準備不僅能在會議中提供助益，還能讓他更加自信。

## ▼給超襪隊合夥人珊卓拉的建議

對於珊卓拉，最重要的一項建議就是「做好準備」。她不知道自己即將踏上地雷區。良好的準備可以保護她免於受傷，並且達成更好的談判成果。

身為超襪隊的合夥人，珊卓拉沒有太多閒暇時間。但她明白即將與比爾展開的談判涉及高度利益，因此決定投入半個鐘頭準備。她花十五分鐘思索談判的七個要素（詳見二七九頁），將其運用到當前情況。另外的十五分鐘，則用於準備迎接可能出現的情緒。

**為強烈情緒制定緊急應變計畫。**珊卓拉有多年談判經驗。她料想，即將和比爾展開的談判應該不會太棘手，但她也知道情緒可能迅速升溫，而且會在最意想不到的時刻發生。有鑑於此，她做出決定，如果自己的情緒溫度升至「危險」，她會暫停一下，從十開始倒數，然後想想如何回應。如果比爾開始生氣或煩躁，她打算把所有惡言惡語當成耳邊風，置之腦後。

珊卓拉自認沒有時間診斷比爾可能對哪些核心欲念特別敏感，但她在筆記本上匆匆寫下五大核心欲念，以便在必要時候參照。

**運用緊急應變計畫**。經過上午的一場漫長會議後，珊卓拉出發去見比爾，迫不及待想跟他共商未來大計。當比爾開始表達他不滿意超襪隊的表現時，一絲詫異與錯愕湧上珊卓拉的心頭。幾個念頭在她腦中翻湧：「我沒日沒夜地工作，確保漢堡兄弟的業務取得成功！比爾究竟在胡說些什麼？」

她意識到自己開始在腦中發洩情緒，希望重新在理智與情緒之間取得平衡。回應比爾之前，她暫停一下，從十數到一，然後思索如何回應。她的短暫停頓緩和了對話的節奏。比爾焦急地等待珊卓拉的答覆。

**釐清目的**。珊卓拉迅速思考。比爾竟敢質疑超襪隊的努力，讓她很想破口大罵。不過她克制自己，並且意識到她表達情緒的主要目的，是為了維持與比爾以及漢堡兄弟的關係。珊卓拉明白，比爾或許試圖運用強烈情緒來迫使超襪隊做出更多讓步，她需要一個低成本的方法來應付比爾的強烈情緒，同時避免己方做出任何重大犧牲。她決定試著理解比爾的處境。這種做法成本很低，而且能讓她得知更多內情。她深呼吸一口氣，然後說，「我很意外，我們竟然對你們的不滿一無所知。我希望盡可能理解你的顧慮。如果你願意說明我們有哪些地方做得不夠好，我會非常感激。」隨著她逐漸理解比爾的觀點，珊卓拉愈來愈明白比爾的動機、恐懼與希望。她得知漢堡兄弟仍然願意合作，比爾也仍然尊重她，而且，雙方仍然有許許多多合作管道。

## 小結

強烈情緒在所難免，而且往往在最意想不到的時候發生。若要妥善處理，我們必須做好充足準備。準備工作包括：

- 測量情緒溫度
- 制定緊急應變計畫：安撫強烈負面情緒、診斷觸發情緒的誘因、抱著明確目的行事。

許多人假設發洩有助於消除強烈的負面情緒，但這種做法通常只會讓所有人更加憤怒。在尋找說詞證明自己正確而對方錯誤時，我們只會愈說愈氣，讓自己陷入情緒風暴。發洩或許有用，前提是有人幫忙約束我們自圓其說，並且隨時將雙方的觀點記在心裡。

# 第9章

# 好好準備：為談判流程、實質內容與情緒做足準備

一次在紐約飛往波士頓的航班上，羅傑的鄰座乘客碰巧是他以前的學生。羅傑忍不住詢問那位律師，關於多年前的談判研習營，他還記得哪些內容。沉吟幾分鐘後，這位學生說他學到了三個重要課題，一直銘記在心：準備、準備、準備。

這是個聰明的學生。我們常因準備不足而無法將思想與情緒發揮到極致。即便是經驗豐富的談判者也經常準備不足。有兩個主要原因：首先，他們可能欠缺系統化的方法來為談判做準備。他們以為準備工作無非閱讀案卷、商議談判日期、決定開價

或出價的高低。然而，熟讀案卷並不能幫助談判者制定有效的談判流程，查明雙方的利益訴求，也無益於處理雙方情緒。

其次，談判者沒有建立從過去經驗總結心得的慣例。舊習很難打破。不論談判對象是上司、同事或配偶，談判者往往重蹈覆轍，一再出現會激發雙方負面情緒的無益行為。有些談判著帶著恐懼和焦慮的心情展開談判，另一些談判者則過度自信。有些談判者在提案遭否決之後拒絕開口說話，另一些談判者則憤而離席。不論什麼情況，談判者往往沒有從經驗中學到教訓，然後善用這些心得。如果會議進展不順，很少談判者會勇於承擔責任，相反地，他或她會將談判破局的責任歸咎於另一方。

只要做好準備，你就能激發正面情緒、提高談判效益。為此，本章將提供有關如何安排準備工作，以及如何從過去談判經驗擷取心得的建議。

## 每一次談判都要預先做好準備

談判的準備工作可以分為三方面：流程、材料與情緒。針對談判當中可能出現的實質性議題做好妥善準備，並考慮以怎樣的流程處理這些議題，才能大幅降低不安的情緒。至於情緒層面的準備工作，則包含仔細思考如何建立雙方默契，以及設法消除談判展開之前的緊張焦慮。

### ▼關於流程：提出活動順序建議

準備工作的基本內容在於處理談判的流程架構。談判者的焦慮，多半來自擔心被要求當場做出重大決定，卻不知道該說些什麼。因此，準備一套讓你感到自在的談判流程，不失為一個好點子。

制定良好的會議流程，你必須思考以下三個主題，然後徵詢對方意見：目的、成品與程序。

- **目的**：這次會議的目標是什麼？
- **成品**：要達成上述目標，哪一種文件最管用？
- **程序**：怎樣的活動順序能產生符合目標的成品？例如：
  1. 澄清雙方的利益訴求；
  2. 提出能滿足上述訴求的各種可能方案；
  3. 選定其中一項方案。

### ▼關於材料：運用談判的七要素擴大視角

哈佛談判專案中心剖析了談判的七大要素（表十一）。若以七大要素做為準備綱領，不僅能涵蓋流程議題（改善溝通、建立良好關係、及早澄清雙方訴求、在定案之前提出各

## 表十一 運用七大要素做好談判準備

| |
|---|
| 1.**關係**：我們如何看待談判者之間的既有關係？對方是敵手還是夥伴？我們希望雙方關係如何發展？我們可以採取哪些步驟來改善關係？（是否採取並排而坐，還是使用友善的語言？）我們如何拉近雙方距離，激發有益的回應？ |
| 2.**溝通**：我們是否認真聆聽？我們應該仔細聆聽哪些內容？希望傳達哪些要點？ |
| 3.**利益**：依照優先順序排列，我們有哪些重要訴求？我們認為對方的主要利益為何？雙方的哪些利益可以並存？哪些利益可能相互牴觸？ |
| 4.**選擇方案**：哪些協議要點是雙方都能接受的？ |
| 5.**公平標準（正當性）**：關於是否公平合理，哪些先例或評判標準是雙方都能信服的？ |
| 6.**最佳替代方案**：如果未能與對方達成協議，我們打算怎麼做？假如對方中止談判，他們有怎樣的退路？ |
| 7.**承諾**：從切合實際的角度來看，我們可以爭取對方做出哪些承諾？為了達成協議，我們可以在必要時做出哪些承諾？試著草擬雙方可能達成的某些協議。 |

種選項），也能觸及談判的實質內容（各方的利益為何？怎樣的標準能達到公平合理讓雙方信服，是判例、法律或市場價值？雙方能做出哪些切合實際的承諾？兩邊的最佳替代方案各是什麼？）。我們發現，在談判之前，如果談判者能從自己和對方的角度仔細思索這七大要素，就能大幅減少情緒上的驚慌失措、甚至引發災難的意外。

為了解你的實質性論點有多大的說服力，不妨進行角色互換練習（詳見第三章）。請同事扮演你的談判對象，向他闡述你的立場，同事仔細聆聽並記錄。然後雙方互換角色。同事扮演你的談判者角色，你則扮演對方陣營中的某個人。此時，同事重複你剛剛的說詞，你從對方的角度，聆聽自己的論點。請留心體會對方當下的感受，想想他們會有怎樣的反應。然後與同事的觀察進行比較，深入了解對方如何看待你的論點。這種做法很有啟發性，讓你有機會在談判尚未開始之前，就能運用後見之明修改你的論述。

聯邦地區法官格哈德．蓋澤爾（Gerhard Gesell）之前擔任律師的時候，有一次他告訴事務所裡的年輕律師，事務所剛剛接受委託，爲一樁大型反托拉斯案件的原告辯護。他要求他們花一星期到圖書館找資料、研究判例，一一列出事務所能爲原告提出的訴訟論點。

隔週，這群年輕律師興高采烈地走進辦公室。他們告訴蓋澤爾，這是一個很棒的案件，原告的論據強而有力，他們肯定能打贏官司。

在聽了原告強而有力的論述摘要後，蓋澤爾向年輕律師揭露事實眞相：他們的委託人其實是被告。年輕律師難以置信地驚呼，聲稱被告方很難打贏官司。蓋澤爾請他們不要擔心。雖然很快，這群年輕律師就說服自己被告擁有極好的勝訴案例，但在此之前，蓋澤爾無非希望他們事先了解原告有哪些優勢。

了解狀況後，年輕律師全心投入被告的案件。被告最終獲勝：由於充分理解原告的優勢，律師爲被告提出的論述變得更堅強、更有說服力。

實質內容的最後一項準備活動，是由你和同陣營的人為談判對手擬一份公告，想想如果對方接受了你的提議，他們如何向委託人傳達談判結果。這項活動通常能顯示我們的要求多麼不切實際，也能讓我們謹記談判對手與委託人之間的親和感有多麼重要。

## ▼關於情緒：把核心欲念與生理狀態納入考量

另一個重要準備，是先面對自己的情緒，好應對其他人的情緒。要做好情緒準備，你必須：

- 清楚理解各方的欲念，以及滿足這些欲念的方法。

- 感覺自己足夠平靜與自信，有能力在談判過程中明確掌握重點。

**以核心欲念做為放大鏡和槓桿**。在即將到來的談判做準備時，花幾分鐘思索各項核心欲念。正如第二章所述，你可以把核心欲念當成放大鏡，用來理解雙方的互動過程可能觸及哪些敏感神經，也可以把核心欲念當成槓桿，幫助你改善局面。

- 做為增進理解的放大鏡。思索一下，談判中，對方可能對哪些欲念特別敏感。梳理五大核心欲念，簡單寫下可能觸及的層面。例如：你效力的公司名聲顯赫，是否讓他們覺得地位受到貶抑？對方動輒主張自己的自主權，是否讓你覺得權力被剝奪？
- 做為改善局面的槓桿。想想看，你如何運用核心欲念激發正面情緒。你是否可以讚賞對方在談判領域上的專家地位，以此為開場白？你是否可以向對方提出一套談判流程，確保雙方都能自由闡述訴求而不受干擾？

愈清楚你和對手的核心欲念在以往談判中各自出現哪些變化，愈容易為即將到來的談判做好情緒準備，而不會因為談判過程中竄起的情緒感到措手不及。

然而，對大多數人而言，回憶過去談判中的情緒變化，是件極其困難且非常不可靠的事。光是回憶上星期三晚餐吃了哪些東西，就知道追憶過去經驗有多麼不容易，而記憶又多麼容易出錯。

為了減少記憶的謬誤，請在互動過程中隨時記筆記，說明某個人的言論或行動如何滿足或貶低對方的核心欲念。討論結束後，請同事提供意見。他們認為誰的核心欲念受到尊重或踐踏？為什麼？在談判過程記憶猶新的時候，將這些觀察以及你可以在未來談判中改變的做法記錄下來。長期下來，你也可以從筆記中看出談判者的主要行為模式。

下一次談判之前，拿出你的筆記，一邊閱讀，一邊回想你和其他人的感受，以及你從中學到的經驗教訓，想想如何運用這些心得改善即將展開的互動。

**將成功視覺化**。職業滑雪選手從陡坡出發以前，往往會在腦中想像自己優雅地滑下山坡，嫻熟地避開樹木、石頭和其他滑雪選手。你也可以運用同樣的方法，將談判過程視覺化。想像自己在談判中氣定神閒、語調積極正面，你試圖拉近彼此距離、理解對方的暗示、努力朝有效率的合作關係發展。

想像下一場談判正要開始，畫面就從你和談判對手見面寒暄的那一刻展開。如果對方將你視為敵人、和你保持距離，你會做何反應？你是否準備好重新建立親和感，讓彼此成為一同解決重要議題的合作夥伴？你如何介紹自己並認可對方的地位，並為會議設立合適的情緒基調？試試幾種不同的台詞，看看哪一種說法最得體。

「珍！眞高興又見面了！最近過得好嗎？」

「瓊斯博士嗎？我是史密斯教授，請叫我梅莉莎。我可以叫你湯姆嗎？」

「很高興認識您，久仰大名。我很期待聆聽您的意見，看看我們應該如何解決這個問題。」

關於如何激發對方的有益情緒，你也需要預先做好準備工作。排練幾句台詞來請求對方提出建議、感謝他們對談判做出的貢獻、認可對方扮演的角色。不論採取何種方法，請確保你的問題與言論反應出由衷的興趣，不至於過分唐突。

**留意你的生理狀態**。當你因為焦慮、恐懼或挫折感導致無法清晰思考時，核心欲念也無法發揮作用。因此，談判展開之前，請花幾分鐘撫平會議前的惶恐不安和其他強烈情緒。

- 運用放鬆技巧消除緊張。花幾分鐘深呼吸能放鬆心情並集中注意力。另外，漸進式肌肉鬆弛練習也是一種有助於安撫情緒的做法。這項活動大約歷時十五分鐘，首先選一個舒服的坐姿（也許在會議開始之前坐在自己車上），深呼吸，將注意力集中在雙腳上。蜷曲腳趾，感受肌肉的緊繃，持續一秒鐘，然後放鬆。順著身體往上練習，繃緊你的每一條肌肉，然後讓壓力消失，例如握緊並鬆開拳頭。全神貫注地繃緊然後放鬆，從小腿後側一直到肩膀的每一條肌肉。

  結束之後，收緊下巴，頭部緩緩向右傾斜，直到右耳貼近肩膀，保持一兩秒鐘。換另一側練習，直到左耳貼近肩膀，然後維持一兩秒鐘。抬起頭、挺起胸膛，此時，你應該會覺得比較放鬆，準備好迎接挑戰。

- 備好情緒急救箱。正如第八章所述，強烈負面情緒會讓人無法清晰思考。為了防止生理狀態出現急遽變化，提醒自己留意情緒溫度上升的徵兆。記住一、二個鎮定情緒的方法。如果你愈來愈煩亂，是否打算從十數到一，還是建議稍做暫停？
- 檢查你的心情。有必要隨時留意自己的心情處於正面或負面的情緒中？你將何種情緒帶進會議室？儘管你認真做好了情緒準備，但惡劣的心情會喚醒生理變化，讓行為更容易失控。

壞心情的導火線通常難以辨識，有可能被人欺負、又到了憂鬱星期一或體內的神經化學物質今天恰好「決定」出來搗亂。

不論原因，談判過程中隨時留意情緒，降低情緒對行為表現造成負面影響。如果你情緒不佳，可以將實際情況告知其他人，以免對方誤解他們的言論或行為引起你的不滿。你可以這樣告訴同事：「週一上午開會總讓我心情不好，我預先為等會自己可能出現的緊繃狀態道歉。」至少，你可以監督自己的行為，確保你的言行舉止不會導致談判脫離正軌。

如果察覺自己有負面情緒，請設法改善。一般而言，你絕對有能力掙脫當下的情緒，不必受心情桎梏。一些簡單方法就可以產生巨大幫助，例如確保自己擁有充足睡眠，或者好好吃上一頓。開始談判之前，你可以花幾分鐘回想美好的記憶、到外面走走或跟能帶給你好心情的朋友聊聊。談判期間，你可以模擬一個平靜而自信的心境。例如挺直坐好、以自信的口吻發表意見、與對方共同管理談判流程。久而久之，你會感覺更有自信。

## ▼檢討每次的談判

逆境的錘鍊是每個談判者的寶貴學習經驗。只要用心，失敗的心得絕不亞於成功經驗。如同其他形式的在職訓練，只要努力做到學以致用，對談判能力將產生莫大幫助。

除非談判者養成檢討談判過程的習慣，並用心反思從中學到的教訓，否則絕大多數得之不易的知識都會漸漸褪色。若不汲取大腦智慧做為行動指導方針，智慧最終還是不可得的寶藏。談判過後立即反省，可以加深自己對談判過程的理解，消化為未來的明確方針。你可以考慮將這套指導方針用於與配偶、上司、同事、談判對手或其他人的互動當中。雖然談判情境可能各有不同，但實現目標的能力將持續獲得改善。

每次談判過後，立刻花三十到六十分鐘檢討。華盛頓某家律師事務所的合夥人聽取這項建議，成功說服她的合夥人和旗下律師嘗試。每次談判過後，律師會回到辦公室開會，花一個小時回顧整個談判過程。他們並非閒話家常剛結束的談判，而是善用時間，井井有條地檢討經驗教訓。律師發現，比起純粹發洩情緒，帶有目的性的檢討顯然更有價值，甚至更令人愉快。

你可以跟談判隊友或同事一起檢討，也可以獨自反思。如果你的陣營裡有好幾位談判代表，不妨邀請大家共同參與。這麼做的價值，在於不同的參與者會以極其不同的角度觀察並記憶同一件事。多人參與的談判，往往會在短時間內發生像是瞎子摸象的寓言故事，每個盲人摸到大象的不同部位，就對這隻動物的模樣產生完全不同的想像。取得眾人的不同觀點，可以讓每個人對所謂的「事實真相」多一點謙卑，並且對實際的互動情形多一點理解。

就算無法說服同事共同檢討談判，也不要放棄善用後見之明的機會。檢討談判是寶貴的學習，即便只是自我反省也不例外。例如在下班回家的路上，你就可以抽出幾分鐘回顧當天的談判經驗。

## ▼找出成效良好和有待改進的地方

有些人逃避檢討是害怕受人評論與抨擊。我們應該明確表示，檢討的目的是總結談判經驗的心得與教訓。檢討談判過程，可以用一個簡單的方法：找出哪些措施成效良好，哪些地方有待改進。

以一個好問題展開檢討，例如：「談判對手有哪些地方表現傑出？為什麼？」藉由回顧對方的言論或行動，你可以向對手學習如何改善談判流程。他們是否提出某些問題，引導每個人說出自己的訴求？他們是否提議在下次談判前安排一次非正式餐會，藉此拉近彼此距離？

反過來說，談判過程中，對手犯了哪些錯誤？哪些事情可以更有效地完成？如果要給他們一句誠實的忠告，你會建議他們改變哪些做法？為什麼？

檢討完對方表現傑出與有待改進的地方，你可以用同樣問題反省自己的談判表現。談判過程中，你的團隊有哪些具體措施成效良好？

最後自問：你犯了哪些錯誤？為什麼？你現在是否能將這些心得變成未來的指導方針？哪些措施值得保留？哪些地方避免重蹈覆轍？制定指導方針之後，思考如何將它們運用於各種場合，不論你的談判對象是家人、同事，或其他團體的談判代表。

### ▼將焦點放在情緒、流程與實質內容上

在檢討成效良好或有待改進的地方時，將焦點放在三個重要層面上：情緒、流程與實質內容。你和對手在這三方面各有哪些地方表現傑出？哪些地方需要改變？

回憶雙方在談判過程中的情緒，想想哪些事情令你心煩、激動、興致勃勃或氣憤。你下一次可以採取哪些行動來緩和逐漸升溫的負面情緒？

最容易回想起的情緒，或許是表達賞識或不認可。梳理核心欲念，想想你和對方可能

出現了哪些感受：

1. **賞識**：是否覺得你的觀點被理解、聆聽與重視？對方是否覺得受到賞識？
2. **親和感**：你是否被視為夥伴？（或是被視為敵手？）你認為對方是否覺得自己被視為夥伴？
3. **自主權**：你是否覺得自主權被侵犯？你認為對方是否覺得他們的自主權獲得尊重？
4. **地位**：你是否覺得對方尊敬你在專業領域的地位？你是否尊敬他們的地位？
5. **角色**：你的角色範圍內的活動是否讓你滿意？你是否扮演了有意義且有用處的臨時角色？你是否藉由徵詢對方意見擴大了他們的角色？

關於流程，你可以回想當初是否設立了議程、如何設立的、由誰設立。議程落實到什麼程度？流程是否簡化或阻礙了談判進程？談判過程中，大家如何討論內容以及是否坦誠相對？哪些措施成效良好？哪些做法未來需要改變？

想想如何改善議程，使其成為日後的標準範例。修改過的議程可以為下次談判的議程奠定基礎。要檢討談判內容成功與否，只需針對前面提到的七大要素，想想分別有哪些做法成效良好或需要改進。例如，你提出的哪些問題，有效地幫助你挖掘對方的利益訴求？你下次會有哪些不同的做法？未來，你將如何鼓勵談判者腦力激盪出更具創意的選項？

## ▼將心得記錄下來，好好保存

整理一份筆記，記錄你透過談判經驗獲取的心得。把想法寫進筆記本或輸入電腦。不僅記錄從自己成功與過錯學到的教訓，也寫下談判對手的技巧與失誤。長時間下來，你就擁有一套專屬的談判指南。

在你表述心得時，大腦會將這份訊息儲存下來，隨時供你取用。回想訊息的頻率愈高，運用起來就愈得心應手。

我們開了一門關於「情緒在談判中的角色」課程，作業是要求每位學生寫週記，說明他們處理核心欲念的經歷。我們花兩星期探索各項核心欲念，從自主權開始。第一週，學生被要求觀察並記錄自主權的欲念如何影響他們日常人際互動中的情緒。第二週，學生的角色變得更積極，他們被要求在日常互動中，對自己以及他人的自主權展現尊重。他們寫下哪些做法成效良好，以及哪些地方有待改進，期待日後能有效地應付這項核心欲念。

隨著時間推移，學生學會觀察並理解核心欲念，也培養出從談判經驗擷取心得的能力。到了學期末，我們要求學生回顧他們的記錄，寫一篇期末心得報告。對想法、感受與行動的省思，幫助他們將所學內容銘記在心，牢牢不忘。

## 小結

準備工作能改善談判的情緒。準備充足的談判者以自信的態度走進會議室，不論對實質內容、流程問題，以及如何激發雙方的正面情緒都深具信心。

有效的準備工作涉及兩大活動：

- 建立準備工作的例行結構。針對談判流程、實質議題以及各方情緒做好準備。
- 向過去經驗學習。除非你從經驗中記取教訓，否則經驗對未來毫無用處。談判結束後，反省雙方在流程、實質內容與情緒等層面的互動。詢問自己：雙方在哪些地方表現傑出、哪些做法需要改變。

第10章

# 「真實世界」的案例：厄瓜多前總統哈米爾．馬華德的親身經驗

在厄瓜多前總統馬華德（任期一九九八—二〇〇〇）與祕魯前總統藤森（任期一九九〇—二〇〇〇）之間一連串的成功協商之後，兩國長達五十年的邊界爭議終告落幕。（兩國歷史背景下文會一一介紹）

馬華德總統曾兩度參加哈佛大學的談判課程，一次是數年前由羅傑主講的課程，另一次則是最近由羅傑與丹尼爾共同主持，有關核心欲念的研討會。研討會期間，馬華德意識到，他曾本能地運用核心欲念成功化解祕魯與厄瓜多的邊界糾紛。在本章，我們邀請馬華德跟讀者分享他對核心欲念的創意運用。

**※下文開始為厄瓜多前總統馬華德的談話：**

我在一九九八年八月十日就任厄瓜多總統。在此之前，我在厄瓜多首都基多（Quito）當了六年的市長。

我參與總統大選的初衷是為了打擊貧窮，想在這個只有美國內華達州大小的安地斯山脈國家，縮減一千兩百萬人民之間的貧富差距。我的政治策略，是將我在基多市長任內為一百二十萬市民服務的成功模式，大範圍地複製到全國上下。我的公式是：「承諾可實現的目標、履行承諾、永遠與民同在」。擔任市長期間，基多曾被《財星》雜誌評選為市民生活品質提升幅度最大的十個拉丁美洲城市之一。

然而，在我上任總統之際，厄瓜多正一步步掉進二十世紀最嚴重的經濟危機。在此同時，政治、軍事和外交專家紛紛預見，厄瓜多與秘魯之間的武裝衝突恐怕難以避免，一觸即發。

## 天搖地動

如果你看過《天搖地動》（*The Perfect Storm*）電影或原著小說，大概就能理解厄瓜多在一九九八年和一九九九年面臨的局勢。這部電影的時空背景是一九九一年十月，故事描述三個驚人的氣象事件不尋常地結合，引發史無前例的強烈風暴。從加勒比海襲來的颶風與來自加拿大和五大湖區的兩個鋒面匯合，在大西洋上彼此激盪，逐漸增強。這場風暴困住了來自麻州格洛斯特郡的一艘小漁船，全體船員大難臨頭。

厄瓜多堪比電影中暴風雨下飄搖的小船。一九九八年到一九九九年間，厄瓜多遭遇了百年難得一見的困境，禍不單行：

- 聖嬰現象引發的洪水摧毀沿海地區（五百年來最強烈的聖嬰現象）。
- 油價創歷史低點（當時，石油大約占厄瓜多出口總值與政府收入的一半）。
- 亞洲金融風暴席捲而來（這是首度出現的全球性經濟危機）。
- 除此之外，厄瓜多的財政赤字占GDP的七％，金融體系瀕臨崩潰，已奄奄一息。民營部門千瘡百孔，窒礙難行。通貨膨脹率高達四十八％，債務占GDP的比重超過七十％，兩項數據雙雙高居拉丁美洲榜首。

因此，國際債權人不信任厄瓜多的償債能力，紛紛要求厄瓜多於債務到期日全額還款，並且緊縮對厄瓜多的信貸額度。

經濟崩盤需要立即處理。我的當務之急包括：降低財政赤字，進而減緩通貨膨脹；重建近期遭洪水摧毀的太平洋沿岸地區；與國際貨幣基金會合作修復我國的信用等級，為我提出的社會計畫取得新的資金來源，主要用於醫療與教育事業。

然而，國際情勢不變，使我不得不改變事情的優先順序。第一要務，就是避免與秘魯開戰。不論從道德、倫理或經濟的角度來看，這都是我的至高任務，刻不容緩。國際戰事會讓原本已岌岌可危的局勢陷入絕境。在混亂不堪的經濟情勢下，厄瓜多如何面對一場國際戰事？我需要與秘魯簽訂明確的和平協定，如此才能縮減軍事經費，將緊繃的資源投入社會基礎建設，將精神和力量集中於成長與發展。

## 當前局勢

與秘魯的武裝衝突是一段漫長、艱苦又令人失望的歷史，是厄瓜多人心裡的一塊痛苦傷疤。強鄰在國際社會支持下以武力強占本國領土，這讓厄瓜多人深感屈辱。

我上任的那一刻，面臨了以下的情勢：

- **「西半球最古老的武裝衝突」**。美國國務院將厄瓜多與秘魯的邊界爭議稱為「西半球最古老的武裝衝突」。衝突的根源，最早可以追溯到一五四二年西班牙征服者法蘭西斯科．德．奧雷亞納（Francisco de Orellana）發現亞馬遜河時。甚至可以上溯到一五三二年的前殖民時期。當時，基多阿塔瓦爾帕（Quiteño Atahualpa，現在的厄瓜多）與庫斯科瓦斯卡（Cusqueño Huascar，現在的祕魯）為了爭奪印加帝國的控制權，發動了一場印第安戰爭。
- **拉丁美洲最大的領土爭議**。歷史上，同時被厄瓜多與秘魯宣示主權的那一塊領土，範圍比法國還大。這是拉丁美洲面積最大的爭議領土，在全球也名列前茅。

- **為化解衝突所做的種種努力皆以失敗告終。**十九世紀初以來，各方為了解決問題做出了種種嘗試，卻都無功而返。兩國試過開戰、直接對話，以及第三方的干預與調停，其中不乏頂尖仲裁者的介入，例如西班牙國王與美國羅斯福總統。然而，上述種種努力都未能產生正面的結果。

最近一次的衝突始於一九四二年。歷經一九四一年中期的秘厄戰爭，以及一九四一年十二月日軍突襲珍珠港後，美國向厄瓜多與秘魯施壓，要求兩國終結這場土地爭議。一九四二年，兩國在阿根廷、巴西、智利與美國見證下，於里約熱內盧簽訂了《和平、友好和邊界議定書》，簡稱《里約熱內盧議定書》（*The Rio Protocol*）。

《里約熱內盧議定書》判定，聖地亞哥河與薩莫拉河之間的分水嶺，將成為兩國的部分邊界。然而事實證明，這兩條河之間並沒有分水嶺，而是存在第三條河：塞內帕河。因此，在長達一千五百公里的邊界當中，還保留了一條大約七十八公里的「開放性傷口」。

兩國分別在一九八一年與一九九五年爆發武裝衝突，但兩次戰事都無益於解決爭端。相反地，雙方的怨恨與猜忌愈來愈深。邊境村落蒂溫特薩（Tiwintza）是這紛爭的縮影。兩國士兵在這一小塊土地上陣亡、埋骨。對兩國而言，蒂溫特薩都是英雄的象徵。

一九九五年後的一連串協商，針對兩國未來的合作計畫、雙邊安全、互信、貿易以及亞馬遜河部分支流的航行權等議題，取得重大共識。然而，一切進展仍取決於蒂溫特薩領土權的最後協議。

為了克服雙方無可撼動的立場，厄瓜多與秘魯做出了最後努力。兩國商請一個特別委員會，為這項議題提出非強制性但具有道德高度的意見。這個特別委員會是由阿根廷、巴西與美國等各國代表組成，名為「司法技術國際委員會」。委員會在我上任總統的幾星期前發表了他們的看法，表示蒂溫特薩應屬於秘魯領土。這個意見有違厄瓜多已在此地駐軍數十年的事實，導致兩國之間的敵意迅速升溫。

等到我就職的時候，厄瓜多與秘魯的軍隊已雙雙進入原先協定好的非軍事區。兩軍距離很近，在某些地方，他們甚至可以在舉起步槍之前先握個手互道早安。厄瓜多軍事指揮部告訴我，在我的就職大典結束後的幾小時內，秘魯極有可能展開侵略行動。敵軍非常可能發動大規模的軍事衝突，而不是局部戰爭。然而，當時厄瓜多社會上只有消息最靈通的人才察覺到事態嚴重，其他民眾還深陷經濟困境中苦苦掙扎，只有新總統的就職大典能暫時轉移他們的注意力。

## 挑戰：克服萬難

與秘魯達成和平協議是我上任後的首要任務。然而，追求和平有賴：

- **信念**。人民必須相信戰火會消停。神話很難被揭穿，與秘魯之間的死結已深植於厄瓜多人民的身體與靈魂，根深蒂固。
- **公民參與**。厄瓜多與秘魯的和解必須是「人民的工作」，不光是政府的問題。國家必須以各種合法組織或團體為代表，大幅提高人民的參與。
- **信任**。在這個支離破碎的國家，各行各業都必須展現合作意願與互信。
- **政治支持**。有必要制訂一個和平公式，這套公式必須被兩國政府以及眾多產業接受。
- **經濟穩定**。戰爭爆發在即，有必要找出讓厄瓜多經濟回穩的方法。在此危急時刻，政府如何頒布一套迫切需要卻可能不得人心、破壞國家團結與政府治理能力的經濟調節政策呢？
- **一套清晰且前後一致的全面行動計畫**。最終出爐的計畫不僅涉及軍事，更需要涵蓋經濟、政治與國際等層面。

## 為和平做準備

既然本章的目在顯示核心欲念的實際運用，我會將重點集中在討論邊境衝突的談判策略，以及跟秘魯前總統藤森之間的互動，略過厄瓜多當時的複雜經濟情勢。

我需要一個有能力的內閣來推動和平。當時的外交部長阿亞拉博士（Dr. Jose Ayala）是最受尊敬的厄瓜多外交官，曾多次參與和平協商，我請他繼續留任。一九九五年武裝衝突期間的國防部長是加拉多將軍（General Jose Gallardo），為厄瓜多打贏最終軍事戰爭。我任命加拉多將軍擔任國防部長。簡單地說，我把和平大使與軍事將領納入我的內閣，藉此傳達出清晰的信號：儘管厄瓜多公開表達和平解決衝突，但是在必要時刻，我們也有能力猛烈戰鬥、保衛國土。

阿亞拉大使告訴我，兩國使團幾乎針對每一項爭端達成協議，只剩下蒂溫特薩這個塊象徵的領土爭議。這個問題必須由兩位總統親自做出決定。這項議題需要動用最高層級的最後外交會談，也就是媒體所說的「總統外交」。

我致電哈佛大學法學院的羅傑·費雪教授，邀請他前來基多，加入厄瓜多政府團隊，協助分析當前局勢、腦力激盪出可行方案、籌畫談判策略。

羅傑抵達基多後，我們同時展開了許多面向的工作。我們與國防和外交部長一起研究最新的軍事與外交局勢。為了讓內閣與幕僚成員建立談判默契，羅傑提議花半天時間講述他經典的談判七要素概念，以及一些實用的應用技巧。

基於當前的緊張情勢，兩國總統毫無可能私下會晤。然而，我與藤森總統遲早會見上一面，為了做好準備，羅傑和我一起研究建立個人聯繫的方法。

一份新工作的頭二、三天難免手忙腳亂，總統一職也不例外。我們的討論經常被緊急事件打斷。常常在奇怪的時間與地點開會。我記得曾在兩個安排好的行程之間請羅傑到我的辦公室見面，也曾在深夜十一點之後，和羅傑在總統官邸的餐廳開會。

## 拉近情感距離的關鍵元素

談判過程中，雙方的關係與談判內容同樣重要。我的第一個策略性決策，就是鞏固兩國談判團隊已經建立的工作聯繫。我個人責無旁貸且至高無上的任務，是跟素未謀面的藤森總統建立良好的私人關係。這是個巨大的挑戰。

上任後第三天，我突然接到巴西總統卡多索（Fernando H. Cardoso）的電話。他邀請我前往巴拉圭首都亞松森，與藤森總統私下會晤。我們三人都排定參加三十六小時後的古巴總統就職大典。

我很清楚兩件事實：我迫切需要此次會面，然而我還沒準備好應付實質問題。我如何向藤森總統傳達解決問題的誠意，同時不讓他認為我只是在爭取時間、打拖延戰術？

### ▼賞識：向對方的優點與困境表示理解

我們團隊一致認為，我應該明確地向藤森總統表達賞識，認可他多年來為邊境問題所做的努力，以及他從經驗中累積的見識。從任何一位不帶偏見的旁觀者來看，上述對藤森總統的評價完全公正客觀。我期望這樣的初步認可，能夠幫助我們找到情感上的共通點，為日後的對談打好基礎。我跟羅傑的準備工作是這樣展開的：

羅傑：「和藤森總統的首度會面，你希望達到什麼目的？」

馬華德：「我有兩個目的。我希望多認識他，並了解他對當前局勢的看法。我還希望他承諾，在雙方沒有把話說清楚之前，不要輕易開戰。爲了達成上述目標，我希望先傾聽對方，再向他提出問題。」

羅傑：「很棒的目的。可是，假如你提出許多問題窮追不捨，他可能覺得自己像被聯邦調查局盤查一樣，反而拒絕開口。一個比較簡單、或許也比較明智的做法，是讓藤森總統覺得他理解你。不妨開誠布公，先將你的底牌攤在檯面上。」

我的確也這麼做了。我透過故事、歷史案例與軼事趣聞，向藤森總統說明我理解他面臨的艱難處境。我也要求他反過來理解我遭遇的極度複雜局面。他以善意回應，不過態度謹慎。他用輕柔平靜的聲音說，「我剛上任總統時，有三大目標。那就是消除惡性通貨膨脹、解散光明之路游擊隊（秘魯非法極左翼共產組織），以及終結與厄瓜多的邊界糾紛。

我已經達成前兩項目標，第三項議題也必須有個了結。」

這回答讓我有機會向他表達由衷敬佩，他前兩項議題的努力已受到一致的好評。在此同時，我得以對他的第三項議題採取觀望態度。

## ▼親和感：找出共通之處

人民普遍認為兩國之間關係惡劣，扭轉這個看法是我們的一大任務。這是藤森總統和我，以及我們的幕僚、官員、媒體與廣大民眾的共同課題。多年來，這兩國總是把彼此視為宿敵。

藤森總統和我一致認為，我們的目標是讓兩國民眾看到我們並肩合作，共同努力解決糾結數世紀的邊界爭議。

鑒於「一張照片勝過千言萬語」，羅傑提議我安排兩人合照。我說那不成問題，我們在會談之前與之後都會接見媒體。不過，與其拍一張兩人握手或肩並肩站立的照片，羅傑希望的照片是我們併排坐著、手拿著筆，同時將目光投向地圖或寫了某項草案的記事本。不是盯著鏡頭或凝視彼此，而是在一起工作。這樣的照片或許能讓第三方、媒體及民眾相信，情況開始朝好的方向發展：兩位總統正攜手合作，為了解決邊界問題而努力交涉。

從巴拉圭返國後，我給羅傑看一份報紙，兩位總統合作的照片就放在頭版。

EDICION
PRIMERA
EL UNIVE
EL MAYOR DIARIO NACIONAL
Mahuad y Fujimori ratificaron esfuerzos para la paz
Se reanudarán los diálogos

這張照片是厄瓜多的馬華德總統（左）與秘魯藤森總統（右）並肩合作。照片刊登於厄瓜多報紙頭版，協助扭轉了一九九八年的政治氣氛。

我告訴羅傑，我知道這張照片的用意是要影響兩國民眾。沒料到的是，這張照片也對藤森總統和我造成相當程度的影響。看著這張照片，藤森總統說，如今兩國民眾開始期望我們和平畫定邊界。我們已公開接下這份重責大任，有義務為兩國人民成功化解糾紛。

### ▼地位：「我會把他當成前輩」

藤森總統和我在亞松森初次見面。阿根廷總統梅南（Carlos Menem）好意提供了總統套房，做為我們會面的中立地帶。當時，藤森已經當了八年的祕魯總統，而我才剛剛上任四天。

「第一印象只有一次機會，」我提醒自己，「陳述明顯事實不會對我的立場造成傷害，相反地，這種做法能傳達坦率且客觀的個人形象，」我思忖著。「我會把他當成前輩，他的資歷無庸置疑。但是在具有爭議的敏感議題上，我不會輕易接受他提出的任何實質性建議。」

我說：「藤森總統，你當了八年總統，而我只上任四天。你曾經跟我國前四任總統協商，我希望能從你的深厚經驗中獲益。」我問他：「在解決邊界爭議且滿足雙方的利益上，你有任何想法嗎？」

我殷勤地對他的資歷表達認可，他也報之以禮。舉例來說，我總會禮讓他先走進會議室，藉由這種方法承認並尊重藤森總統做為前輩的特定地位。與此同時，身為總統以及厄瓜多國情權威專家，我也認可自己擁有的特定地位。

認可藤森總統的過人之處，並不表示我同意他的觀點或主張。相反地，藉由表達賞識並尊重他的地位，我得以在不危及雙方關係的情況下，公開闡述不同的立場。

### ▼自主權：不要指使他人

自主權是人類的基本欲念，掌握權力的人（例如政治人物）對這項欲念特別敏感。多年來，厄瓜多與祕魯都拒絕與對方協商，因為擔心民眾會認為我們「屈服」於對方的要求。

沒有哪位政治人物願意被視為傀儡，尤其當他們站在數百年爭端的兩個對立面。

身為總統，做出讓選民懷疑或者令國家陷入艱難處境，是非常危險的事。

每一次會面，我都戰戰兢兢確保雙方的自主權都獲得尊重。好比說，直接告訴藤森總統去做某件事，就是個致命的錯誤。相反地，我會徵詢他的意見並觀察他的反應，請他說明我們應如何解決這個曠日持久又消耗國力的邊界爭議。

我個人對他的尊重，不意味著我同意他的觀點或答應他的要求。因此我說：「我絕無可能要求國會與人民屈從祕魯的要求，我不打算那麼做。就算我開口，國會與厄瓜多人民也絕不同意。那是一條死路。你有沒有其他想法，可以幫助我們繼續朝和平協定邁進？」

我要求藤森總統理解，厄瓜多總統、國會與民眾永遠不會向秘魯的國土讓步。否則，我們的自主權將受到踐踏。

### ▼角色：「我們」意味著談判雙方的「我們」

談判者同時扮演多種角色，這些角色有時彼此矛盾、重疊或互補。為了解決悠久的邊界爭議，兩位總統都面臨了一項艱鉅任務，必須說服選民接受最後畫定的邊界。在我看來，我的角色是在兩個同時進行的談判中指揮大局。其中一項任務顯然是跟藤森總統談判，另一項沒那麼明顯卻同樣重要的任務，則是跟厄瓜多的人民、機構與代表團體談判。

我明白藤森總統也面臨了相同的兩個角色與任務。因此，我向他提議，我們不要做出任何事情來傷害彼此身為人民代表的正統地位。例如，宣稱某個條約對厄瓜多有利是因為對祕魯有害（或者反過來說），最後只會弄巧成拙。

相反地，我認為兩位總統的角色，是證明達成協議對兩國、整個地區、貿易、經濟發展和打擊貧窮都有益處。我們需要一個雙贏的方案。在擬定方案的過程中，我們的角色充滿壓力，也具備濃厚的個人意義。

太多時候，人們認為國際交涉的目的是取得對方的承諾。媒體不斷追問：「誰退讓了？」「誰妥協了？」「你們達成協議了嗎？」「沒有？難道談判破裂了嗎？」他們希望我們扮演勝利英雄打敗狡猾敵人的角色。但是，「我們」意味著談判雙方的「我們」。對談判而言，最有用也最強大的結果，是取得對方持續合作的情感承諾，以便雙方貫徹簽訂和平協議。合作並不表示任何一方放棄了自由、判斷力與自主權。

事實上，我們將問題化為轉機。這有賴以嶄新的概念看待我們的角色：從對手變為夥伴，從在零和遊戲中你爭我奪的討價還價者，變為提出新方案來擴大整體利益與結果的聯合問題解決者。

## 交織的核心欲念

有時，局勢要求將不同的核心問題交織在一起，並在不同的層面上加強。一個極其艱難的特殊狀況就此產生。國際專家提出的意見雖然不具約束力，卻讓祕魯對蒂溫特薩的主權宣示得到了一大助力。然而，沒有一位厄瓜多總統可以在喪失正統性、損害總統地位、背叛其角色、危害人民對他的賞識與情感的情況下，對宣示做出讓步。我希望認可祕魯立場中的長處與優點，同時得到對方對厄瓜多處境、我的自主權以及角色的認可。

我對這些核心欲念的敏感，為我指引走出困境的方向。「藤森總統，」我說：「取得這塊爭議地區，祕魯有很大的勝算。事實上，基於委員會的意見，祕魯可能比厄瓜多更有權利宣示主權（認可祕魯的觀點）。如果我是祕魯總統，我別無選擇，必須爭取那塊地區的每一寸土地（認可祕魯觀點中的可取之處）。然而，身為厄瓜多總統，我無法同意將厄瓜多自建國以來，每一位總統和每一屆國會都堅持主張的本國領土拱手讓給祕魯（我要求他反過來認可我的處境並理解我的難處）。我們堅信，對於這塊地區，我們擁有道德上和法律上的權利。我們不會因為一個不具約束力的技術性意見而動搖信念。就算有千百個類似意見，也不足以改變我們數百年來對那塊領土的感情（做為一個國家，我們擁有自主權）。因此，任何一位厄瓜多總統都會跟我說出一樣的話，做一樣的事（要求他同樣展現善意）。此刻，身為總統，我們可以承擔起新的使命，找出兩國人民都能接受的一套公式。」（我設法從公平正義的角度，尋找可以拉近雙方距離的其他共同點）。

這場對話產生了顯著效果，讓雙方下定決心攜手解決問題。我們以理性為主、精心籌畫目標導向的初步措施，一切因為兩位總統及雙方代表團迅速建立的友善關係而獲得更大的力量。和平成了前方的一盞明燈、一股強大的磁力，占據了我上任後前七十七天的大部分時間與力氣。

## 和平協議

我們定時向厄瓜多人民說明談判的最新進程。由於進展顯著，良性循環漸漸取代了原本的惡性循環。談判開始深入民心，成為舉國上下關注的目標之一。公民的參與感提高了，每個人都希望參與其中，表達自己的意見。共同目標增強了社會互信。政治人物開始給予支持，因為他們明白和平是民心所向，與民心站在同一邊肯定利大於弊。談和的信心掃除了往昔的悲觀氣氛。來自社會各階層的壓倒性支持，為政府最初的行動計畫打了一劑強心針。儘管和平的進程並未穩定經濟態勢，但是經濟情況起碼不會因為戰爭的陰影而進一步惡化。

一九九八年十月二十六日，距離雙方首次會面的十週後，藤森總統和我在巴西利亞簽署了受到兩國國會認可、敲定的全面性和平條約。兩國同意將有爭議的邊境地帶全數劃入國際生態保護區，除非兩國政府日後另行協議，否則不得在此從事任何經濟或軍事活動。

蒂溫特薩的問題需要特殊處理。我們兩位總統同意，如果前來協助會談的四國代表能就蒂溫特薩問題達成共識，我們將承諾接受調解。兩國國會投票表決後，也同意將仲裁權授予四國代表。

一個極有創意的蒂溫特薩協議出現了。代表們分割了蒂溫特薩的主權與產權，如今，這塊土地屬於祕魯領土，但是蒂溫特薩周邊一平方公里的土地（在祕魯境內，與厄瓜多接壤）成了私有財產，永遠歸厄瓜多政府所有（正如厄瓜多有可能在祕魯的利馬購置部分土地）。兩國都沒有「放棄」蒂溫特薩。祕魯政府可以宣稱，「蒂溫特薩是我國領土的一部分」，而厄瓜多政府可以表示，「我們永遠擁有蒂溫特薩」。

## 最後的省思

我同意羅傑和丹尼爾所說的，談判者常認為談判時最好保持純粹理性。的確，強烈的敵對情緒很容易升溫，進而造成問題。然而，就我的經驗談，更重要的是，情緒也可能帶來幫助。展開會談的那一刻，我已經準備好採取主動，以各項核心欲念做為我的行動準則：賞識、親和感、自主權、地位與角色。靠著這種做法，藤森總統和我得以融洽相處、建立堅強的工作關係，並達成穩固的協議。

一九九八年的秘厄會談，本身就是一大成功。兩國畫定了明確的邊界，不再有爭議。從那時起，邊界從未出現軍事事件，兩國的貿易往來與合作也創下歷史紀錄。和平受到兩國政府與人民的同聲稱讚、珍惜與順從。

我之所以希望促成厄瓜多與秘魯的和平，最大的理由是讓兩國享受唯有和平才能帶來的利益。除此之外，與秘魯和平相處讓厄瓜多得以削減軍事預算，然後將這些資源用於消除貧窮。這就是一九九八年簽署協議之後，我的行政團隊努力實現的方向。

二〇〇〇年一月，一場軍事政變迫使我下台。箇中理由過於複雜，我不在此處贅述。那是我和許多拉丁美洲總統的共同宿命。

以上故事是這場談判的部分官方解讀。就個人層面而言，阿爾韋托．藤森和我逐步建立了超越職責範圍的私人情誼。

二〇〇四年三月，我們在東京的皇家花園飯店喝咖啡，反思我們學到的心得。阿爾韋托說，「和平日益穩固，每個人對和平都抱持敬意。」一開始，我們沒有幾個人相信和平可以企及，如今，每個人都擁有了和平。

阿爾韋托和我想起了昔日在巴西和談期間的一段對話。記者會結束後，我告訴他：「事情正在發生變化。以往兩邊壁壘分明：厄瓜多記者聚在一邊，秘魯記者聚在另一邊。如今他們都混在一起。那是個好兆頭。」

阿爾韋托當時回答：「昨天，我讀利馬報紙上的一篇文章時，感覺我倆彷彿站在力主和平的一方，共同面對兩國國內的反和平勢力。」我點頭同意。

我們從一開始便攜手合作，共同努力滿足彼此對親和感、賞識及自主權的核心欲念。從中也讓我們的地位受到尊重，角色深具意義。我們創造了有益於推動實質進展的氣氛。正如絕大多數情況，流程與內容緊緊相連，不可偏廢。

第四部

# 總結

# 情緒與談判的最終追求

每個人都有情緒，情緒無時無刻不在。然而在談判過程中，我們總有太多事情需要思考，無暇顧及情緒。腦海被各種想法占據，在情緒層面上，我們只能自求多福。

絕大多數談判者將情緒視為絆腳石，導致我們無法清晰、理性地思考，以致喪失正面情緒所能提供的優勢。雖然「追求幸福」是美國《獨立宣言》中的重大宣示，但是對於如何追求幸福，人們毫無頭緒，眾說紛紜。

與人意見分歧的時候，應該如何與對方互動，才能激發雙方的正面情緒？在這樣的背景下，本書提出了兩大主張：

首先，採取主動。當你和交流對象意見分歧，不要等到出現情緒以後再做反應。

其次，設法滿足欲念，而不是處理情緒。與其設法理解當下的各種情緒及其背後原因，不如將注意力集中在人性普遍存在的五大欲念，藉此激發你和對方的有益情緒。這些核心欲念是：

1. **賞識**。不被欣賞的感覺讓人傷心失望。對他人表達賞識時，可以設法理解他們的觀點。從他人的想法、感受或行動中發掘優點，並且透過言語和行動表達我們的理解。同樣地，我們也可以欣賞自己。
2. **親和感**。談判雙方都不該感到孤單、疏離，我們可以透過共事者身分與對方建立結構性聯繫，或者把彼此當成知己，建立雙方的個人聯繫。
3. **自主權**。認同每個人都有影響力，以及制定決策的自由。我們可以擴大自己的自主權，同時避免侵犯他人的決策空間。
4. **地位**。沒有人喜歡被貶低的感覺。與其相互爭奪較高的社會地位，我們可以認可彼此在自己擅長的領域中享有的特定地位，包括我們自己的。
5. **角色**。無法帶來滿足感的角色會讓我們覺得自己無足輕重、可有可無。不過，我們可以自由選擇有助於彼此合作的角色，並擴大角色涉及的活動，讓角色變得更有意義。

本書提到的概念不會自行發揮作用，需要靠讀者的理解與實踐。你可以採取行動來滿足他人和自己的核心欲念。表達賞識、建立親和感、尊重彼此的自主權與地位，並幫忙塑造更有意義的角色。

我們相信，只要善用這些核心欲念就能幫助你改善職場與家庭關係。你可以將談判從充滿壓力、令人憂慮的互動，轉變成彼此傾聽、學習與尊重的合作式對話。你將能得到更大的成效，並且從談判過程中得到希望，而不是怨恨。

# 致謝

日復一日撰寫此書是一段同甘共苦的奇妙經歷，哈佛談判專案中心的同事是我們不可或缺的支柱，巴頓（Bruce Patton）、漢（Sheila Heen）和史東（Doug Stone）不厭其煩地與我們討論、挑戰我們的想法，並分享他們從撰寫《再也沒有難談的事》（*Difficult Conversation: How to Discuss What Matters Most*）取得的經驗。

哈佛談判專案中心的行政助理克魯茲（Linda Kluz）投入了無數時間協助專案順利進行，確保我們每個人在截稿日期迫近之前仍保持神智清醒。

我們有幸以哈佛法學院談判中心的專家學者為後盾。哈佛法學院教授兼談判中心主席努金（Bob Mnookin）大力支持各種計畫（例如本書），體現了談判中心的先進理念。他提供有用的見解，並且盡心盡力宣傳我們在哈佛法學院開設的課程「如何應付談判情緒」。謝謝你，努金。也謝謝哈佛法學院院長卡根（Elena Kagan），謝謝哈佛法學院為我們在談判情緒層面的研究工作給予的支持。

我們在談判中心的其他同事與朋友，也提供了非常有用的見解與想法。以下，我們依字母排列順序一一致謝：哈佛商學院教授貝澤曼（Max Bazerman）很早就對我們的思路提出質疑，幫助我們釐清思維架構；甘迺迪政治學院的柏格（Eric Berger）花了許多時間陪我們探索各種想法；榮獲傑出講師獎的哈佛法學院講師波爾多（Bob Bordone）從不間斷地鼓舞我們，為我們提供靈感與友情支柱；謝謝曾任《談判雜誌》編輯的貝絲琳（Bill Breslin）；我們特別感謝柯布（Sara Cobb），她擔任哈佛談判中心執行董事期間，本書剛萌芽的階段就給予大力支持；麻省理工學院史隆商學院的助理教授柯漢（Jared Curhan）分享了他在「主觀價值」上的創新研究；以及以色列政治專家艾朗（Ehud Eiran），我們向他請教了第一章提到的大衛營案例。

我們要感謝的其他同事還包括：談判中心主任赫克利（Susan Hackley），她始終是我們的靈感與智慧泉源；談判中心副主任柯爾溫（James Kerwin），謝謝他多次促成助益頗豐的腦力激盪會議；談判中心的前任研究員克蘭漢斯（Astrid Kleinhanns）；麻省理工學院史隆商學院教授柯涵（Tom Kochan）；西蒙斯學院的庫伯教授（Debbie Kolb），她在談判方面的研究讓我們受益匪淺；談判中心課程開發主任曼瓦林（Melissa Manwaring）

為我們提供了創新的想法與同事情誼；哈佛榮譽教授雷法（Howard Raiffa）是談判領域的先驅，我們對他充滿感激；麻省理工學院督學兼談判學兼職教授羅（Mary Rowe），她遠在情緒智商這個詞彙出現之前，就對史隆商學院的學生傳授這門學問；麻省理工學院史隆商學院榮譽教授麥克西（Bob McKersie），我們在書中提及的勞資談判案例就是借助了他的專才；還有塔夫茨大學法律與外交學院的薩拉克斯教授（Jeswald Salacuse），感謝他在午餐時間與我們討論有關人際關係的教學技巧。

我們還希望對以下的談判中心教職員表達謝意：哈佛法學院教授桑德斯（Frank Sander），謝謝他提出尖銳的問題刺激我們思考；哈佛商學院教授賽賓紐斯（Jim Sebenius），本書第九章有關談判準備的內容，就受了他對談判順序想法的影響；麻省理工學院的色斯金教授（Larry Susskind），謝謝他的支持以及他對談判的見解；蒂貝特（Liz Tippett）的座位緊鄰我們的辦公室，謝謝你忍受我們平日的要求，每每細心體貼地滿足我們；哈佛商學院的惠勒教授（Mike Wheeler），他對臨機應變與談判的研究為我們開啟了新的思路；對於如何改變世界，全球談判專案主任烏里（Bill Ury）的想法跟我們不謀而合；全球談判專案副主任懷斯（Josh Weiss）花了許多時間回答我們的問題，言無不盡。

特別感謝哈佛法學院每月定期舉行的爭議解決論壇的參與者與籌辦人，也謝謝談判中心的每一位工作人員：巴索（Rob Bosso）、希利斯（Ed Hillis）、勞頓（Nancy

Lawton）、蒙特維多（Ron Monteverde）、莫坦科（Adam Motenko）、瓦特斯（Nancy Waters）與賴特（Kim Wright），你們讓談判中心光彩耀人。

本書撰寫過程中，許多心理學家的評論起了關鍵作用。阿爾里德（Keith Allred）是甘迺迪政治學院的教授，也是談判中心的同仁，他的研究對我們的思維助益甚深；菲斯克（Susan Fiske）是普林斯頓大學的教授，她協助我們設計有關談判情緒角色的實證性實驗；利里（Kimberlyn Leary）是劍橋醫院／哈佛醫學院的心理學主任，也是談判中心的同仁，她深諳人類情緒生活的「作用方式」，並將嚴謹的心理分析回饋給我們；麥克林醫院／哈佛醫學院的心理學主任李文道斯基（Phil Levendusky）是個天生的談判家，他從認知行為心理學的角度給予我們許多建議；麻省總醫院資深心理學家、同時任教於哈佛醫學院的尼森鮑姆（Steve Nisenbaum）是麻薩諸塞州一帶的傳奇調解人，他跟我們分享了他的嚴謹思維，也給予我們溫暖的友情；另一位任教於哈佛醫學院的沙克爾頓（Bruce Shackleton）則針對情緒在談判中扮演的角色提供了大量意見。

此外，共識建立研究所的墨比爾斯（Hal Movius）及普林斯頓大學的沃爾夫（Rebecca Wolfe）提供的回饋堪稱天下無雙，彌足珍貴；他們運用自己在情緒理論與談判理論上的專才，點出了本書有待改正或加註的地方。

我們衷心感謝哈佛大學教育學院的加德納教授（Howard Gardner），我們一起探討了雙方理論上的共通之處；也謝謝哈佛大學心理系的卡根（Jerome Kagan）為情緒的定義提出許多想法。特別感謝來自羅馬尼亞的兩位同事，心理健康專家杜多斯（Ruxandra Tudose）及博戈林（Veronica Bogorin）；我們很開心地記得在博伊斯大學（Babej Boyes）跟兩位以及你們的同事進行的對話，本書納入了你們的諸多建言。

在公私部門從事談判與領導力教學的許多位同事為我們審閱初稿。多年的同事艾格（Ueli Egger）與菲利浦（Frits Philips）根據他們在歐洲頂尖談判顧問公司的工作經驗，為我們提供了寶貴意見。優勢顧問公司（一家談判顧問公司）的合夥人高登（Mark Gordon）總是有問必答，即便在他繁忙的差旅行程中，也會抽出時間給予回饋。他慨然同意我們借用他的「桶子系統」概念，如第五章所述。我們在哈佛大學談判中心的多年同事理查森（John Richardson），總會針對我們的看法提出耳目一新的觀點，詳加闡述未曾言明的假設。CM合夥人公司的肖布（Tom Schaub）以他多年的衝突管理諮詢經驗，仔細審閱了本書初稿，並且協助我們確認某些術語。另外，塔爾（Jim Tull）也分享了他多年的國際談判諮詢經驗。戴維斯（Wayne Davis）協助我們搜尋聯合國第二四二決議案的相關資料。哈佛大學甘迺迪政治學院的林斯基（Marty Linsky）遠見卓識，他讀了本書手稿並給予建議，指導我們如何把想法闡述得更清楚。

過去幾年中，我們根據本書漸漸成形的觀念，在哈佛法學院開設了一門課。但願學生在課堂上學到的，能跟我們從他們身上學到的一樣多。丹尼爾在麻省理工學院史隆商學院也開設了談判課程，我們也要感謝那裡的學生與助教提出的回饋意見。

學生研究助理展現的奉獻精神及天賦，在在令我們驚異不已。除了哈佛大學的繁重課業之外，他們也為我們的專案投入了大量時間與熱情，遠遠超過職責範圍。謝謝安佐雷古（Maria Anzorreguy）、巴哈瓦爾（David Baharvar）、貝克爾（Shana Becker）、克萊頓（Brooke Clayton）、古德曼（Susie Goodman）、霍華德（Emily Howard）、李（Audrey Lee）、努喬（Joe Nuccio）、高曼（Catherine O'Gorman）、范（Hansel Pham）、西格爾–萊克林（Zoe Segal-Reichlin）、華林（Emma Waring）與懷斯（Hanna Weiss）。

有許多人為本書的發展提供了幫助。我們從哈佛醫學院的科恩（Michael Cohen）、辛辛那提法學院的亞倫（Marjorie Corman Aaron）、甘迺迪政治學院的法蘭索瓦（Jeff Francois）、邁阿密大學的費雪曼（Clark Freshman）、約翰霍普金斯大學的金（Clare King）、丹麥阿爾浩斯大學商學院的庫瑪（Rajesh Kumar）、開放社會研究機構的洛蘭特（Liz Lorant）、奧勒岡大學法學院的莫菲特（Michael Moffitt）、麻省理工學院史隆商學院的威廉斯（Michele Williams），以及衝突改造聯盟的蒂利（Craig Zelizer）等人身上學到許多。甘迺迪（Mopsy Kennedy）協助發想本書的書名。吉蘭（Tim Gearan）為本書撰寫過程中的週一夜晚提供了美妙音樂。洛貝爾、諾文斯與拉蒙特（Lobel, Novins, & Lamont）律師事務所的一位匿名客戶為我們的工作提供援助，期盼本書有助於和平解決各種爭議。

我們特別感謝厄瓜多前總統馬華德貢獻了本書最後一章的內容。

曾任職於《談判雜誌》的昆恩（Shannon Quinn）是本書不可或缺的編輯，她跟我們密切合作，讓內文變得更精簡流暢。她的指導及新的意見或許意味作者得花更多時間，但相信讀者讀起來更輕鬆。維京企鵝出版社的編輯群幾乎在每一頁都做了修改標記，期望讓內文更簡單易讀。科（Rick Kot）、梅倫（Jane von Mehren）與盧莎蒂（Alessandra Lusardi）以他們鋒利的頭腦精心編輯本書，很高興與他們合作。經紀人懷利（Andrew Wylie）與查爾方特（Sarah Chalfant）妥善照顧我們，讓我們得以專心撰寫本書。

在撰寫本書的旅程中，家人在精神上陪伴我們，並給予熱情的支持，讓我們覺得很幸福。伊莉莎百（Elizabeth Sealey）貢獻了她的商務專才，蘇珊（Susan Dole）分享了她對勞資糾紛的認識，而蘇珊和榮恩（Susan & Ron Shapiro）則閱讀本書初稿、提供意見，他們一直是這世上最無私、最慈愛的父母。

我們對妻子凱莉（Carrie Fisher ）及米雅（Mia Shapiro）的感謝無以言表。撰寫一本關於情緒的實用書籍不僅得動腦，還得靠生活體驗。當我們思考出可用的想法，往往拿來跟妻子談判，藉以驗證這些想法是否可行。我們從中學到了許多，非常感謝他們的耐心與支持。

羅傑與丹尼爾
於麻薩諸塞州劍橋

# 作者介紹

**羅傑・費雪（Roger Fisher，一九二二—二〇一二）哈佛法學榮譽教授**

國際法和談判領域的開拓者，也是哈佛談判專案中心（Harvard Negotiation Project）聯合創始人，直到二〇一二年過世前，在哈佛法學院授課超過四十年。他於二次大戰期間擔任空軍氣象偵查員，在美國商務部長哈里曼（William Averell Harriman）帶領下於巴黎執行馬歇爾計畫，曾任職美國法務部。之後在華盛頓從事法律工作，擔任國防部的法律顧問，提供政府部門許多建議並籌辦相關研習會。

在整個職業生涯中，費雪一直為和平做出了巨大努力。費雪提出了基於「利益」的談判的概念，並諮詢了從商業糾紛到國際衝突的各種分歧。他建議伊朗和美國政府進行談判，以釋放被德黑蘭扣為人質的美國外交官。他協助美國前總統卡特，讓埃及前總統沙達特和以色列前總理比金兩國在大衛營簽屬中東和平協定。在南非種族隔離結束的憲法談判之前，他曾培訓過白人內閣和非洲人國民大會談判委員會。他在《艾斯基普拉斯第二和平條約》（*Esquipulas II Peace Treaty*）出台之前，就區域和平計畫為三個中美洲國家提供建議，並指導厄瓜多爾總統談判，幫助結束厄瓜多爾和秘魯之間長期邊界爭端。

費雪還被公認為「西點談判計畫」（West Point Negotiation Project）的知識之父，該計畫訓練了陸軍官兵和學員認識衝突，並教授如何在戰爭與和平中運用有原則的談判工具。他也是電視競賽節目「辯護者」（*The Advocates*）的發想者與製作人，著有《哈佛這樣教談判力》等書。《哈佛這樣交談判力》特別在於，書籍問世之前學術機構幾乎沒有常規的談判參考書。

### 丹尼爾・夏畢洛（Daniel Shapiro）博士

哈佛談判專案中心副總監、心理學教授，並在哈佛大學法學院、波士頓的哈佛醫學院（Harvard Medical School）與麻州貝爾蒙的梅格寧醫院（McLean Hospital）擔任教職。夏畢洛擁有臨床心理學博士學位，並專門研究談判心理學。他指導國際談判組織（International Negotiation Initiative），是基於哈佛談判專案中心的專案，旨在開發心理機制策略以減少種族與政治暴力。夏畢洛具有豐富的國際談判經驗，包括培訓塞爾維亞議會議員、擔任中東談判代表、協助馬其頓政客和美國高階官員。在波士尼亞戰爭期間，他在克羅地亞和塞爾維亞進行衝突管理培訓。透過索羅斯基金會（Soros Foundation）的資助，他制定了一項衝突管理計畫，該計畫現已幫助三十多個國家、近一百萬人，並獲得美國心理協會的「克洛．米爾倫和平創造者獎」，也被哈佛譽為最有價值十五名教授之一。

第五部

# 重點整理、詞彙說明、參考書籍與附錄

# 談判七要素

醫生診斷病情時，憑藉的方法是，找出症狀可能源於身體的哪個重要部位。消化系統出了毛病？還是循環系統、呼吸系統、神經系統或骨骼系統？同樣地，為了診斷談判可能在哪個環節出了差錯，哈佛談判專案中心剖析談判的基本構造，歸納出七大要素。表十二中，左欄列出談判要素。中間欄列出可用於每項要素的診斷性問題，右欄則是針對問題開出的示範建議。

七大要素組成了一切談判的架構，包括「利益導向式談判」，這項談判法在羅傑．費雪、威廉．尤瑞和布魯斯．派頓合著的《哈佛這樣教談判力》中有更詳盡的描述。表十二並未充分顯現《哈佛這樣教談判力》的精妙之處，但我們希望仍讓讀者略窺該書一二，也希望這些概念能激勵尚未讀過該書的人，並找出時間閱讀。

## 表十二 7大要素：談判的構造

| 談判要素 | 診斷性提問 | 示範建議 |
|---|---|---|
| 關係 | 每一位談判者對彼此有怎樣的想法和感覺？ | 與其他談判者建立融洽的工作關係；並肩合作，共同解決問題。 |
| 溝通 | 雙方是否溝通不良？說假話？單向溝通？談判者是否「告訴」該做些什麼，指望對方聽命行事？ | 建立輕鬆的雙向溝通。徵詢對方意見、認真聆聽、做個值得信任的人。避免提出模糊的承諾。 |
| 利益 | 談判者是否提出要求並表明立場，卻設法隱瞞背後的真正利益？ | 尊重對方的利益。理解並闡明你自己的訴求（不需要透露某項利益對你的重要性）。 |
| 選擇方案 | 談判是否看成一場零和遊戲，談判者非輸即贏？ | 在不做出承諾的情況下，聯手進行腦力激盪，找出能滿足雙方合理訴求的各種方案。 |
| 公平合理性（正當性） | 是否沒有人在乎公平？對方說出自己願意或不願意做的事情，是否純粹為了討價還價？ | 尋找並要求制定雙方都能接受的外部公平標準。 |
| 最佳替代方案 | 談判者是否互相威脅，卻不知道一旦談判破局該怎麼辦？ | 思索雙方的退路。意識到任何協議都必須比雙方的替代方案更優秀。 |
| 承諾 | 談判者是否要求對方做出不切實際的承諾？是否未能擬定雙方願意履行的承諾？ | 擬定雙方都能履行的公平且實際承諾。 |

# 詞彙說明

「當我使用一個詞，」蛋頭先生用相當輕蔑的語氣說：「我要它是什麼意思，它就是什麼意思，不多也不少。」

「問題是，」愛麗絲說：「你不能造出那麼多不同意思的詞呀！」

「問題是，」蛋頭先生說：「誰是老大，誰說了算，就是這樣。」

——《愛麗絲鏡中奇緣》（*Through the Looking Glass*），

路易斯．卡若爾（Lewis Carroll）

學者專家已為不下數千種詞彙提供了定義，例如情緒。為了澄清本書部分關鍵術語所指的意思，我們列了一個簡短的詞彙表。其中分成兩個部分：第一部分定義情緒，另一部分則用於定義核心欲念。

## ▼1 什麼是情緒？

**情緒**。對切身重要事件的感受體驗，通常連帶出現明顯的生理感覺、想法、生理機能變化和行為傾向。人可以選擇不同的情緒反應，例如認為雨天令人沮喪，也可以將雨天視為適合閱讀言情小說的好日子。

**正面情緒**。令人振奮的情緒通常源於某項欲念獲得滿足。這類情緒包括熱情、希望與喜悅等等。正面情緒容易激發合作的行為。

**負面情緒**。欲念未獲得滿足通常會引發令人痛苦的情緒，例如憤怒、恐懼與內疚。負面情緒往往會激發競爭行為。

感受。在本書中有兩種意思：

- 一種生理感覺，例如飢餓感或疼痛感。
- 一種滿載情緒的意念，例如被接納或認可的感覺。

感受（定義為一種滿載情緒的意念）和情緒有個很大的不同之處。從體驗情緒者的角度，情緒是一種無庸置疑的真實反應，不論其他人怎麼想。因此，情緒是我們的主觀感受，也是我們所處的狀態。例如，憤怒可以被歸類為情緒：「我覺得生氣」在概念上等同於「我生氣了」。另一方面，「感受」從體驗情緒者的角度來看是真實的，但在其他人眼中未必成真。例如，「感覺被接納」就沒有達到「情緒」的定義標準。覺得自己受到接納的談判者，不見得真的獲得他人接納。

情緒與感受的區別，對談判者存在著實際應用上的意義。由於單一感受往往連帶產生多種情緒，「感受」蘊含的情緒訊息往往遠超過單一情緒。相對於費勁瀏覽一長串情緒字眼以辨認某個人的情緒狀態，談判者可以輕鬆地從範圍較小的感受清單中，察覺某個人的情緒狀態。事實上，每一項核心欲念都有一小組相應的感受，例如與親和感相應的感受，範圍從感覺被接納到感覺受到排擠。

將注意力集中於感受而非情緒，有可能產生對他人情緒理解不夠精確的風險。然而，在現實層面上，談判者若要察覺談判過程中持續激起的種種情緒，必將投入大量時間與精神，實踐這種做法要面對巨大挑戰，足以抵銷上述的風險。

## ▼2 什麼是核心欲念？

**核心欲念：**一種具有切身意義的人性渴望，通常出現在一段關係中。核心欲念之所以「核心」，是因為觸及我們希望或期望受到怎樣的待遇。影響核心欲念的小小舉動，就可能產生巨大的情緒衝擊。

衝突管理理論學家約翰・波頓（John Burton）和人本主義心理學家亞伯拉罕・馬斯洛（Abraham Maslow）都曾提到「需求」（need）。核心欲念的概念與需求的概念有重疊之處，但不完全吻合。需求指的是人類福祉所需的生理或心理要求，例如食物與水。不論談判對象是一國元首或一個孩子，只要是人都需要食物、水和歸屬感，並且在需求未獲滿足時感到渴望。核心欲念也可以視為社會需求的一個更細緻入微的版本。核心欲念通常在人際關係的背景下出現，視交流對象的不同而有強度上的差異。一名外交人員可能對子女貶低他的地位不以為意，但倘若貶抑是來自於一國元首，就可能讓自己感受到強烈侮辱。

**賞識**：在本書中有兩種意思：

- 做為核心欲念，那是一種被認可的感受。
- 做為行動，則涉及了理解對方觀點；從他人的想法、感受或行動中發掘優點；以及傳達你的理解。

**親和感**：與另一個人或一群人的聯繫感，這項聯繫可以是結構性或個人的連結。

**自主權**：在不被他人強加干涉的情況下影響與制定決策的自由。

**地位**：與其他人相較之下的地位身分。社會地位是一個人在社會階級上的整體位置，而特定地位則是一個人在狹窄的實質領域上所處的位置。

**角色**：工作標籤以及在特定狀況下被期待完成的各種活動。

# 參考資料

這部分列出幫助我們理解談判情緒層面的各項文獻資料。有關情緒的科學文獻卷帙浩繁，不可能在此窮盡，這裡只納入對我們思維產生重大影響或在書中特別提及的文獻。[4]

除了情緒學的文獻之外，有關情緒在談判中扮演的特定角色，科學文獻也愈來愈多了。由於這些文獻已在其他地方大量記載，我們並未在本節詳加描述該項研究。要得知有關情緒與談判的最新研究，好的著手點包括《談判者的頭腦與心靈》（*The Mind and Heart of the Negotiator*）（Leigh Thompson, 3rd ed., Upper Saddle River, NJ: Pearson Prentice Hall, 2005），以及《化解爭執手冊》（*The Handbook of Dispute Resolution*）（*M. L. Moffitt and R. C. Bordone, eds., San Francisco: Jossey-Bass, 2005*）。

這一節的訊息有許多種使用方法。你可以通篇讀完，更深入理解跟我們的核心欲念體系有關的各種文獻。你也可以針對最感興趣的部分取得參考資料，透過閱讀文獻持續學習情緒相關議題。如果你是談判老師，你可以引用書中提到的部分資源。

## 第 1 章

### ▼ 情緒是什麼？

有關情緒的文獻非常複雜，要得知更多，最好的起點是保羅・艾克曼（Paul Ekman）和理

4 若希望獲取有關談判情緒的深入文獻資料，請來函：Daniel Shapiro，地址是Harvard Negotiation Project, Pound Hall 523，Harvard Law School, Cambridge, MA 02138。

查德・戴維森（Richard Davidson）合編的《情緒的本質：基本問題》（*The Nature of Emotion: Fundamental Questions*, Oxford: Oxford University Press, 1994）。

本書為求實用，簡化了一些概念，並未明確區分「情緒」與「心情」。然而，二者間存在一定的差異，讀者可以參考費克斯（Fiske）與泰勒（Taylor）的社會心理學經典《社會認知》（*Social Cognition*）（2nd ed., New York: McGraw-Hill, 1991）第410頁。相較於心情，情緒通常比較短暫、強烈且複雜。正如哲學家指出，情緒也具有「意向性」（intentionality），指向特定的人或物，而心情的標的通常比較分散。例如，你在星期一早晨起床，發現自己心情惡劣，看誰都覺得很煩。

關於定義情緒的難題，書中的引文出自法兒與羅素一九八四年刊登於《實驗心理學期刊》（*Journal of Experimental Psychology*: General, 113, 464–86）的文章：〈從原型角度看情緒概念〉（*Concept of Emotion Viewed from a Prototype Perspective*）。

### ▼情緒也可以成為寶貴資產

一九八六年，愛麗絲・伊森（Alice Isen）與彼得・卡內瓦萊（Peter Carnevale）進行了一項畫時代的研究，證明在談判過程中，正面情緒有助於產生創意思考模式，二者密切相關。詳見〈論在雙邊談判中，正向情感與視覺化如何影響一體性解決方案的發現〉（*The Influence of Positive Affect and Visual Access on the Discovery of Integrative Solutions in Bilateral Negotiations*），這篇文章刊登於《組織行為與人類決策過程期刊》（*Organizational Behavior and Human Decision Processes*, 37, 1986, 1–13）。對於正向情感與決策制定之間的連結，相關實驗請見伊森的精采文章〈正向情感與決策制定〉（*Positive Affect and Decision Making*），收錄於《情緒學手冊》（*Handbook of Emotions*，M. Lewis and J. M. Haviland-Jones, eds., 2d ed., New York: Guilford Press, 2000, pp. 417–35）。

心理學的一個新分支「正向心理學」，提供證據，顯示正面情緒能促進和諧、提高創意，並改善社會關係。首先，請參考芭芭拉・弗來德里克森（Barbara Fredrickson）的研究〈正向情緒的角色：擴展與構建理論〉（*The Role of Positive Emotions in Positive Psychology: The Broaden-and-Build Theory of Positive Emotions*），刊登於《美國心理學期刊》（2001, *American Psychologist*, 56, 218–26）。她認為恐懼、憤怒與其他負面情緒會導致注意力狹隘，引發特定行為（例如恐懼時逃跑或憤怒時打架），而正向情緒的作用恰恰相反。正向情緒能擴大我們的行為與思考範圍，累積預備力量，供我們在遭遇威脅或機會時使用。美國心理學會前任主席馬丁．塞利格曼（Martin Seligman）受弗來德里克森的研究啟發，認為負面情緒會使人們陷入「你輸我贏」的情境，而正面情緒則是成功創造雙贏局面的基礎。詳見塞利格曼所著的《真實的快樂》（*Authentic Happiness*,New York: The Free Press, 2002）。

我們的核心欲念體系，假設基礎與弗來德里克森和塞利格曼的研究互相呼應。我們相信正面情緒能產生各種有益的作用，包括建立和睦的良好關係，並促進坦誠、友善與創意，這一切都有助於達成令雙方滿意的協議。

至於「情商」力量，如今已有大量研究。要取得背景資料，建議讀者參考沙洛維（P. Salovey）與梅耶（J. Mayer）的研究，例如兩人在一九九〇年發表於《想像、認知與人格期刊》（*Imagination, Cognition, and Personality*, 9, 185–211）的文章〈情緒智商〉（*Emotional Intelligence*）；以及高曼（D. Goleman）所著的《EQ》（*Emotional Intelligence*, New York: Bantam, 1995）。

我們以卡特與比金和沙達特的談判顯示正面情緒的力量。這個案例取自卡特所著的《保持信心：總統回憶錄》（*Keeping Faith: Memoirs of a President*）（Fayetteville, AK: The University of Arkansas Press, 1995, pp. 298, 318, 350, 408, and 412）。威廉．科萬特（William Quandt）在著作《大衛營：和談與政治》（*Camp David: Peacemaking and Politics*,Washington, D.C.: Brookings Institution, 1986, p. 184）中，以稍微負面的說詞形容卡特與比金的關係，兩人有時甚至彼此猜忌、彼此看不順眼。他認為，大衛營和談的成功，很大一部分歸功於卡特的毅力與樂觀，以及卡特與沙達特的良好關係。卡特既喜愛又敬佩沙達特。在《保持信心》中，卡特自己也承認他和比金的關係偶爾出現緊張衝突。然而，這些障礙並未阻止卡特借助情緒的力量，竭盡所能創造出積極正面的環境與關係。

### ▼不要產生情緒？你辦不到

丹尼爾．夏皮羅認為，在進行社會互動時，人類處於「情緒綿延不斷」的狀態中，詳見他發表於《爭議解決雜誌》（*Dispute Resolution Magazine*, Vol. 18, #6, September 2001）的〈談判者的情緒指南〉（*A Negotiator's Guide to Emotion: Four Laws to Effective Practice*）。對此，社會心理學的研究提供了相關證據。例如，約翰．巴赫（John Barg）的創新研究證明人類有自動的情緒反應，往往不自覺。請參考巴赫與沙特朗（T. L. Chartrand）一九九九年發表於《美國心理學家期刊》（*American Psychologist*, 54 [7], 462–79）的〈不可承受的不自覺存在〉（*The Unbearable Automaticity of Being*）。

儘管人類無法停止產生情緒，但也有例外狀況。例如，遭受特定腦傷的人或許會欠缺某些感受。這種情況會降低決策效率。安東尼歐．達馬西歐（Antonio Damasio）曾描述一位腦傷病人的案例，後者欠缺幫助他制定決策的直覺感受，因而花了半個鐘頭才能決定下次何時和達馬西歐見面。詳見達馬西歐的傑作《笛卡兒的錯誤》（*Descartes' Error: Emotion, Reason, and the Human Brain*）（London: Picador, 1995）。

### ▼忽略情緒的存在？行不通的

研究顯示，情緒與思維、生理變化和行為之間存在清楚的連結。以尼可．弗萊吉達（Nico Fridja）提出的「行動傾向」（action tendency）概念為例。「行動傾向」指的是情緒指揮我們產生的某種行為。感到恐懼時，我們就準備逃跑；感到憤怒時，我們就準備打架。我們或許不會憑這些本能行事，但我們的身心都做好了準備。因此，不論願不願意，情緒都會對我們產生影響。

不可否認，在特定情況下，忽略情緒確實會有幫助，例如我們不喜歡同事給的生日禮物時。不過，就算我們壓抑情緒，情緒仍會對大腦運作產生影響。詳見巴特勒（E. A. Butler）與葛羅斯（J. J. Gross）的〈在社交時隱藏情緒：眼不見不代表心不煩〉（*Hiding Feelings in Social Contexts: Out of Sight Is Not Out of Mind*），收錄於菲利浦特（P. Philippot）與費德曼（R. S. Feldman）合編的《情緒的調節》（*The Regulation of Emotion*,Mahwah, NJ: Erlbaum, 2004, pp. 101–26）。情緒會消耗腦力、影響心血管系統，導致血液循環與新陳代謝所需脫節，甚至能使社交夥伴的血壓上升。詳見葛羅斯與約翰（O. John）寫的〈明智的情緒調節〉（*Wise Emotion Regulation*），收錄於巴瑞特與沙洛維合編的《感覺的智慧》（*Wisdom of Feelings*,New York: Guilford Press, 2002, pp. 312–13）。

▼ **直接面對情緒？**

某些情緒研究人員認為人類擁有不下數十種情緒，另一些人則提出證據，顯示有一組有限的「基本情緒」。（關於何謂「基本」情緒，請見上述由艾克曼與戴維森編輯的書。）

保羅．艾克曼是基本情緒研究領域的先驅。他認為基本情緒有其演化根源，並且具備生存的調適機能。根據他對基本情緒的定義，他列出十五種符合條件的不同情緒。詳見〈基本情緒〉（*Basic Emotions*）一文，收錄於達格利（T. Dalgleish）與包爾斯（T. Powers）編纂的《認知與情緒學手冊》（*The Handbook of Cognition and Emotion*,Sussex, UK: John Wiley & Sons, 1999, pp. 45–60）。他特別指出，由於每一種基本情緒實際上指涉一系列的相關情緒，情緒的種類反而大幅增加了。

這有助於解釋本書為什麼集中探討五項核心欲念。在借助核心欲念激發正面情緒時，讀者無須分析交流對象感受到的各種情緒，也無須分析情緒背後的原因，談判者可以採取行動滿足五大核心欲念，不必再將注意力集中於五花八門的情緒上。

然而，談判者的情緒感受力愈強，愈能夠有效地調整自己的行為。因此，懂得識別面部表情和閱讀對方情緒，是一種極有價值的能力（詳見先前提到的高曼的著作，以及沙洛維與梅耶的文章），前提是談判者不被這項任務壓得喘不過氣，模糊了雙邊關係與實質議題上的焦點。

「基本情緒」的概念是否成立，我們持怎樣的看法？我們相信，或許確實有一組經演化確立的基本情緒，但還有一群更廣大的情緒經驗有其社會性意義，而且每個人的感受都不同。例如，憤怒的體驗與作用，就不同於氣惱、暴怒或羞辱。我們在表二列出十五種具代表性的情緒，其中許多都取自理查・拉薩路斯（Richard Lazarus）關於情緒的經典著作《情緒與調適》（*Emotion and Adaptation*,Oxford: Oxford University Press, 1991）。

## 第2章

### ▼許多情緒源於五大核心欲念

許多年前，查爾斯・霍頓・顧里（Charles Horton Cooley）提出「鏡中自我」（looking glass self）的觀念，認為我們對自己的認識、自我認知，都建立在我們認為別人對我們的看法之上。詳見《人性與社會秩序》（*Human Nature and the Social Order*,New York: Charles Scribner's Sons, 190）。核心欲念的理論架構支持這項基本洞見。

在研究文獻中，丹尼爾・夏皮羅將核心欲念稱為「關係認定欲念」（relational identity concerns），並提出一套理論釐清情緒與關係認定欲念之間的連結。詳細內容請參考夏皮羅發表於《衝突解決季刊》（*Conflict Resolution Quarterly*, 2002; 20 [1]: 67–8）的〈談判情緒〉（*Negotiating Emotions*），以及他的另一篇文章〈敵人、盟友與情緒〉（*Enemies, Allies, and Emotions: The Role of Emotions in Negotiation*），後者收錄於莫菲特（M. Moffitt）與博爾多內（R. Bordone）編纂的《化解衝突手冊》。

### ▼以核心欲念做為放大鏡

我們的核心欲念體系，跟許多情緒理論不謀而合，例如拉薩路斯和艾克曼的研究。拉薩路斯主張，人們以「核心關係主題」（core relational themes）評估自己與他人的互動，為互動的關係意義進行歸納整理（見《情緒與調適》，Oxford: Oxford University Press, 1991, p. 121）。他表示，「核心關係主題」是「在互動與調適過程中，核心關係所受的傷害或利益，存在於每一種特定情緒背後。」因此，從這個理論角度，核心欲念或許可以被視為許多（甚至絕大多數）互動中的關係主題。情緒體現了我們對核心欲念所受待遇的評估。

同樣的，艾克曼主張人們具備了「自動評估器」，持續搜尋「與我們的生存有關的事件主題與變化」；詳見《心理學家的面相術：解讀情緒的密碼》（*Emotions Revealed: Recognizing Faces and Feelings to Improve Communication and Emotional Life*, New York: Henry Holt, 2003, p. 29）。當自動評估器找到相關的主題或變化，我們就會產生情緒。因此，我們或許可以「編寫」這些自動評估器，特意在我們的人際互動中搜尋核心欲念受到滿足或未獲滿足的跡象。與對的團體建立關係，擁有足夠的自主權來保護自己不受傷害，以及享有一定的社會地位，同時不會對能傷害或殺害我們的人產生威脅，凡此種種顯然都具有演化上的重要性。情緒向我們傳達了這個過程的最後結果。

### ▼以核心欲念做為槓桿

雖然你可以積極地運用核心欲念來設定你樂見的情緒基調，但如果對方正好心情很糟呢？證據顯示，你可以用正面情緒「壓制」或「消除」負面情緒的作用。請參考弗來德里克森與列文森（R. Levenson）發表於《情緒與認知期刊》（*Cognition and Emotion*, 12 [2], 191–220）的〈正面情緒加速復原負面情緒造成的心血管後遺症〉（*Positive Emotions Speed Recovery from the Cardiovascular Sequelae of Negative Emotions*）。

此外，情緒會傳染。請參考哈特菲爾德（E. Hatfield）、卡喬波（J. T. Cacioppo）與拉普森（R. L. Rapson）一九九三年發表於《心理學現行方向期刊》（*Current Directions in Psychological Science*, 2[3], 96–99）的〈情緒感染力〉（*Emotional Contagion*）。我們有時會被其他人的心情「感染」，而且往往是在不自覺中受到影響。跟沮喪的人說話會令我們感到悲傷，看到嬰兒的笑容會讓我們不自覺地露出笑容。情緒的感染力為我們提供一個機會：我們可以借助自己的正面情緒，幫助談判對手感染我們的熱忱。

# 第3章

## 賞識：是核心欲念也是一帖萬靈丹

讀者若希望深入了解賞識的力量，我們強力推薦西雅圖華盛頓大學心理系教授約翰．高特曼（John Gottman）的研究與著作。多年來，他與同事致力於研究最棘手的社會關係種類：婚姻伴侶之間的關係。請參考高特曼與希維爾（N. Silver）所著的《七個讓愛延續的方法》（*The Seven Principles for Making Marriage Work*，New York: Three Rivers Press, 1999）。

他邀請新婚夫婦進入他「愛的實驗室」，裝上各種儀器記錄他們的生理狀況、面部表情、語言以及在椅子上扭動的程度。他請夫妻花十五分鐘討論兩人間的某項爭議。事後，他分別與兩人討論錄影下來的互動過程，詢問他們各自感受到什麼情緒。

他有能力預測哪些夫妻幾年後會走上離婚之路，準確率超過九成。導致離婚的一個關鍵因素，就是夫妻雙方沒有對彼此表達賞識。在穩固的婚姻中，夫妻雙方產生歧見時，兩人的正面與負面交流比率為五比一。配偶之間至少出現五次正向交流：微笑、讚美彼此或開個無傷大雅的玩笑，抵銷每一句尖酸的話、盛氣凌人的態度或傷人的白眼。然而在不穩固的婚姻中，正面與負面交流的比率趨近於一比一。

我們認為，在談判之初設立正面語調是一種強大的做法；高特曼的研究支持了我們的想法。請參考高特曼、柯恩（J. Coan）、凱瑞爾（S. Carrere）與史旺森（C. Swanson）發表於《婚姻與家庭期刊》（*Journal of Marriage and the Family*, 60, 1998, 5–22）的論文〈從新婚夫婦的互動方式預測婚姻的幸福與穩固〉（*Predicting Marital Happiness and Stability from Newlywed Interactions*）。在高特曼研究的案例中，九十六%的人若以正面語調展開對話，最終仍會維持正面語調。若以負面語調展開對話，最後往往維持負面終結。這些發現證明即便在持續存在的關係中，為談判設立正面氛圍也有助於提升整場討論的情緒基調。

高特曼的研究，也凸顯了本書焦點為什麼放在核心欲念而非情緒本身。高特曼的研究方法極其複雜，幾乎跟他的研究成果一樣令人驚嘆。為了深入理解每一位婚姻伴侶的體驗，他擷取了難以計數的資料，從臉部表情到血壓、流汗程度和肢體語言，無所不包，然後以精密的數學與電腦技術，對取得的龐大資料進行深入分析。談判過程中，若要專注於實質與程序議題，同時觀察他記錄下來的種種數據點，會是一件異常困難的任務。

關於賞識的力量，更多研究來自於「心能研究中心」（Institute of HeartMath）。他們的研究顯示，長期受賞識的狀態，與較高的認知能力與表現之間存在關聯性。他們指出，生理同調性（physiological coherence），在心臟、大腦與相關生理系統之間出現較高一致性的模式，但很少長期存在。然而，當一個人處於受到真誠賞識的狀態，就會出現例外。此時，焦慮與緊張的症狀減少了、認知能力獲得提升、皮質醇的濃度也降低了。請參考麥卡蒂（R. McCraty）與柴爾德（D. Childre）合作的論文〈感恩的心：賞識的心理生理學〉（*The Grateful Heart: The Psychophysiology of Appreciation*），收錄於埃蒙斯（R.A. Emmons）與麥卡洛（M.E. McCullough）合編的《感恩心理學》（*The Psychology of Gratitude*, New York: Oxford University Press, 2004, pp. 230–55）。

### ▼表達賞識的三要素

我們的賞識觀，非常契合卡爾．羅哲斯（Carl Rogers）的「同理的了解」（empathic understanding）概念，也就是積極聆聽而不評價對方的情緒、價值觀與觀點。羅哲斯建議，在聆聽時，我們應該把對方的觀點視為我們自己的觀點，目的就是為了找出該觀點的優點與道理。他也指出，我們有必要透過重新闡述，向對方傳達我們理解他們的觀點，並核實我們的理解是否正確。請參考羅哲思所著的《成為一個人：一個治療者對心理治療的觀點》（*On Becoming a Person, Boston:*

*Houghton Mifflin*, 1961）。

### ▶ 聆聽「弦外之音」

我們會對情緒產生情緒，關於這方面的論述，最早可追溯到一九六四年。當時，湯普金（Tomkins）與麥克卡特（McCarter）在發表於《知動技能期刊》（*Perception Motor Skills*, 18, 119–58）的論文〈原始情感的真相與所在〉（*What and Where Are the Primary Affects? Some Evidence for a Theory*）一文中，探討了「對於情感的情感」（affect-about-affect）。至於有關「弦外之音」的實用訊息，請讀者參考《訊息：溝通技巧手冊》（*Messages: The Communication Skills Book*）這部傑作的第五章（M. McKay, M. Davis, and P. Fanning, Oakland, CA: New Harbinger Publications, 1995）。

### ▶ 嘗試進行角色互換練習

角色互換練習的用意，是希望透過站在談判對手的角度思考，幫助我們克服「基本歸因謬誤」（fundamental attribution error，這個詞彙是由史丹佛大學心理學家李．羅斯提出）。「基本歸因謬誤」是指人們在評估他人時，往往過度歸因於對方是「哪種人」，低估了社會壓力對對方的影響，因此有可能錯誤理解了對方行為的背後成因。我們可能認為談判對手的無禮行為是個性情粗魯所致，但事實上，對方平常可能溫文有禮，只是那天早上很不巧地跟妻子大吵了一架。關於基本歸因謬誤的詳細內容，請參考羅斯的文章〈直覺系心理學家及其缺失〉（*The Intuitive Psychologist and His Shortcomings: Distortions in the Attribution Process*），收錄於博科維茲（L. Berkowitz）編輯的《實驗社會心理學最新進展》（*Advances in Experimental Social Psychology*, vol. 10, New York: Academic Press, 1977）。

# 第4章

在社會心理學領域上，鮑姆斯特（Baumeister）與利里（Leary）審閱了關於「歸屬感需求」的各項研究。詳見兩人發表於《心理學通報》（*Psychological Bulletin*, 1995, 117[3], 497–529）的文章〈歸屬感需求：與人親近的欲望是根本的人性動機〉（*The Need to Belong: Desire for Interpersonal Attachments as a Fundamental Human Motivation*）。閱讀大量科學文獻之後，他們總結：

- 人性中存在著建立關係的基本動機；
- 人們甚至會在沒有物質利益的情況下建立關係；
- 強烈負面情緒與關係的破裂息息相關；
- 穩定的關係能產生正面情緒，並在腦中製造有如鴉片的化學物質；
- 缺乏穩定關係的人比較容易罹患嚴重的精神與生理疾病，並且更可能出現從交通事故到自殺等林林總總的行為問題。

神經科學領域也提出證據，顯示關係破裂與負面情緒之間存在關聯性。娜歐蜜・艾森柏格（Naomi Eisenberger）等人證明，被社會排斥引發的痛苦，與肢體疼痛所激活的大腦部位相同（例如大腦的前扣帶回）。研究顯示，「社會性痛苦的神經認知功能與肢體疼痛類似，這提醒了我們，當我們的社會連結受到傷害，請記得採取行動讓自己恢復健康。」詳見艾森柏格、李柏曼（M. Lieberman）與威廉斯（K. Williams）發表於《科學期刊》（*Science*, vol. 302, October 10, 2003）的〈拒絕會傷人嗎？〉（*Does Rejection Hurt? An fMRI Study of Social Exclusion*）。

### ▼結構性聯繫

即便在最微不足道的情況下，人們仍會偏頗「自己人」。在一項研究中，受試者得知自己被隨機分配到某小組，研究人員甚至向他們顯示用來抽籤分組的隨機號碼牌。儘管分組方式毫無意義，受試者仍然比較偏愛自己組內的成員。詳見洛克斯里（A. Locksley）、奧提茲（V. Ortiz）與赫本

（C. Hepburn）於一九八〇年發表於《個性與社會心理學雜誌》（*Journal of Personality and Social Psychology*, 39 [5], 773–83）的〈社會分類與歧視行為〉（*Social Categorization and Discriminatory Behavior: Extinguishing the Minimal Intergroup Discrimination Effect*）。另請參考畢利希（M. Billig）與泰菲爾（H. Tajfe）於一九七三年發表於《歐洲社會心理學雜誌》（*European Journal of Social Psychology*, 3[1] 27–52）的〈社會分類與群際行為的相似性〉（*Social Categorization and Similarity in Intergroup Behavior*）。

泰菲爾進一步建立了「社會認同理論」概念，認為同一群體內的人往往在價值層面上，將自己的群體和另一個可比較的群體正向區分開來，藉此提高他們的自信心。人們的認同感逐漸寄託於他們的群體成員身分。詳見泰菲爾與透納（J.C. Turner）的〈群際行為的社會認同理論〉（*The Social Identity Theory of Inter-Group Behavior*），收錄於沃切爾（S. Worchel）與奧斯汀（W. G. Austin）合編的《群際關係心理學》（*Psychology of Intergroup Relations*, Chicago: Nelson-Hall, 1986）。

社會心理學先驅庫爾特．勒溫（Kurt Lewin）曾做過一項研究，證明結構性聯繫的力量。詳見〈群體決策與社會改變〉（*Group Decision and Social Change*）一文，收錄於紐科姆（T. M. Newcomb）與哈特利（E. L. Hartley）編纂的《社會心理學讀本》（*Readings in Social Psychology*, New York: Henry Holt, 1947）。勒溫的一項經典研究執行於二次大戰期間，旨在調查哪些因素可以說服家庭主婦把牛腸等內臟肉品端上餐桌。在其中一項情境，家庭主婦參加講座，聆聽戰爭期間食用內臟對健康有哪些好處。事後追蹤，僅有三％的家庭主婦用動物內臟入餐。在第二項情境中，另一群婦女受邀參與討論，探討「像她們這樣的家庭主婦」群體是否可能被勸誘將牛腸端上餐桌。事後，將近三分之一的與會者烹煮了內臟肉品。身為「家庭主婦」的結構性聯繫以及「像她們這樣的家庭主婦」提供的支持，顯然大幅提高她們烹煮內臟肉品的意願。

### ▸ 個人聯繫

建立個人聯繫得費一些工夫。我們覺得與人拉近了距離，然後變得稍微疏遠，之後再度親近。

從第四章所舉的刺蝟的例子，可見人們很難時時刻刻維持最理想的情感距離。這個例子擷取於一篇寓言故事，出自叔本華（Arthur Schopenhauer）所寫的《附錄與遺補》（*Parerga and Paralipomena: Short Philosophical Essays*, 4th ed., vol. ii § 396‥Oxford: Clarendon Press, 1974）。關於敞開心胸與封閉自己之間的這種緊繃張力，更多內容請參考巴克斯特（Baxter）的研究，例如〈從辯證角度論發展關係的溝通策略〉（*A Dialectical Perspective on Communication Strategies in Relationship Development*）一文，收錄於達克（S. Duck）所編的《個人關係手冊》（*Handbook of Personal Relationships: Theory, Research, and Interventions, Chichester*, UK: Wiley, 1988, pp. 257–73）。

## 第5章

### ▼什麼是自主權？

若希望深入了解有關自主權的研究與理論，請參考愛德華．德奇（Edward Deci）的著作，《自我決定心理學》（*The Psychology of Self-Determination*, Lexington, MA: Lexington Books, 1980）。他認為我們可以運用「意志力」來選擇如何滿足自己的需求；「自我決定」（也就是本書所說的「自主權」）便涉及了這項意志力的運用。

### ▼擴大你的自主空間

研究顯示，我們有時低估了自己擁有的自主空間。當我們在某項任務上反覆失敗，我們會漸漸束手無策、被動悲觀。實驗證明，當人們覺得無法掌握自己的命運，就會變得消沉憂鬱。換句話說，他們覺得喪失了生命的自主權。請參考塞利格曼所著的《無助感：論憂鬱、發展與死亡》（*Helplessness: On Depression, Development, and Death*, 2d ed., San Francisco: W. H. Freeman, 1991）。

「習得的無助」（learned helplessness）指的是我們雖然可以運用自主權改善現況，卻消極地接受悲慘的生活條件。我們學會了無助。習得的無助最早是在動物實驗中觀察到的。動物一開始遭受電擊，而且無可逃脫，然而當牠們不再受到束縛、有機會躲避電擊，許多動物卻消極地接受電擊。詳見塞利格曼與畢格利（G. Beagley）一九七五年發表於《比較與生理心理學期刊》（*Journal of Comparative and Physiological Psychology*, 88 [2], 534–41）的〈老鼠習得的無助〉（*Learned Helplessness in the Rat*）。

亞伯特・班杜拉（Albert Bandura）以相近的角度探討自主權議題。他在「自我效能」（self-efficacy）領域上的研究，顯示我們愈相信自己的能力，就能成就愈多事情。當我們相信自己有本事完成任務（不論是數學題目或艱難的談判），這樣的信念能增進我們的表現、動機，以及完成任務的決心。詳見班杜拉所著的《自我效能：控制的運用》（*Self-Efficacy: The Exercise of Control*, New York: Freeman, 1997）。

### ▶ 不要侵犯對方的自主權

研究顯示，如果有人侵犯我們的自主權，我們可能會出現「心理抗拒」。這通常發生在我們覺得自己有許多選項，然後某個人刪除（或威脅要刪除）其中一個選項時。這時，我們可能比原來更想選這個選項！請參考布萊漢姆（J. Brehm）所著的《心理抗拒理論》（*A Theory of Psychological Reactance*, New York: Academic Press, 1966）。

### ▶ 運用「知會、徵詢、協商」桶子系統

桶子系統是哈佛大學談判專案中心資深顧問馬克・高登（Mark Gordon）提出的。關於決定如何制定決策，類似方法請參考維克多・弗羅姆（Victor Vroom）與菲利普・耶頓（Philip Yetton）合著的《領導力與決策》（*Leadership and Decision-Making*,Pittsburgh: University of Pittsburgh Press, 1973）；也請參考大衛・布萊德福德（David Bradford）與艾倫・寇恩（Allan Cohen）合著的《加大馬力》（*Power Up*,New York: John Wiley & Sons, Inc., 1998）。

# 第 6 章

## ▶ 地位可以強化自尊心與影響力

許多理論家認為人們執迷於追求地位。多年前，阿爾弗雷德・阿德勒（Alfred Adler）提出一套說法，表示每個人生來帶有自卑感。我們很年輕，父母比較年長、睿智。長期處於劣勢導致了「自卑情結」。阿德勒認為，我們為了克服自卑感而出現了「卓越感的追求」，而這項動力驅策著我們的思維、行動與情緒。請參考《兒童的人格教育》（*The Education of Children*, Chicago: Allen and Unwin, 1930）。

阿德勒的理論預示了當代的情緒學研究。坎柏（T. Kemper）找到了地位與情緒之間的連結。詳見坎柏的論文〈闡釋情緒的社會模型〉（*Social Models in the Explanation of Emotions*），收錄於麥可・路易士（Michael Lewis）與珍娜特・哈維蘭瓊斯（Jeannette M. Haviland-Jones）合編的《情緒學手冊》。另外，高特曼的婚姻研究證明了蔑視的情緒特別有害婚姻健康；請見《婚姻為何成功或失敗》（*Why Marriages Succeed or Fail . . . and How You Can Make Yours Last*, New York: Simon & Schuster, 1995）。正如尼可・弗利達（Nico Frijda）所言，「所謂蔑視，指的是對另一個人評價極低，以至於認為對方沒資格跟你打交道，與此同時，你察覺對方假設自己與你平等」。這段話擷取自〈情緒與行動〉（*Emotions and Action*）一文，收錄於曼斯迪（R. Manstead）、弗利達與費雪（Agneta Fischer）合編的《感受與情緒：阿姆斯特丹研討會論文集》（*Feelings and Emotions: The Amsterdam Symposium*, Cambridge: University of Cambridge, 2004, pp. 167–68）。

## ▶ 沒有必要爭奪地位

我們的「多重地位領域」觀念，與亞當・斯密（Adam Smith）的概念一脈相承。他認為每個人專精於特定領域，然後與不同特長的人進行交換，有助於提高所有人的福祉。詳見亞當・斯密的《國富論》（*An Inquiry into the Nature and Causes of the Wealth of Nations*, London: Methuen and Co.,

1776）。在談判過程中，每個人都能受益於彼此的特長與經驗。

### 明白地位的局限

許多研究證實我們所說的「地位外溢效應」。例如，讀者可參考科恩（M. Cohen）與戴維斯（N. Davis）的研究；他們提供了個案，並探討人們對較高地位者的命令言聽計從（即便那些命令有違邏輯）所造成的醫療錯誤。詳見兩人所著的《醫療疏失：成因與防範之道》（*Medication Errors: Causes and Prevention, Philadelphia*: G. F. Stickley Co., 1981）。

## 第7章

### 扮演有意義的角色，並選擇能帶來成就感的活動

我們認為有意義的角色並非只是一種表演或喬裝。從卡拉登勛爵與蘇聯外交部副部長庫茲涅佐夫針對聯合國第二四二號決議案進行的談判，這一點不證自明。這個案例的資訊出自兩個來源。卡拉登勛爵在他與高柏格（Arthur Goldberg）、扎耶特（Mohamed El-Zayyat）與伊本（Abba Eban）合著的精采著作《聯合國安理會第242號決議案：外交模糊地帶的個案研究》（*U.N. Security Council Resolution 242: A Case Study in Diplomatic Ambiguity*：*Washington, D.C.: Institute for the Study of Diplomacy, Edmund A. Walsh School of Foreign Service,* Georgetown University, 1981）中，提到了他的這次經驗。故事裡的部分環節，也建立在羅傑．費雪與卡拉登勛爵私下交談的內容上。

我們的「有意義的角色」概念，與維克多．法蘭可（Viktor Frankl）的研究不謀而合。在他的著作《意義的追尋》（*Man's Search for Meaning*：New York: Simon & Schuster, 1984）中，描述儘管自己身陷納粹德國集中營，卻仍能從這段經驗中找到意義。他認為人們具備「追求意義的意志」

（will to meaning），渴望為生命尋找並填補意義與目的。

有意義的角色也能幫助你從投入某項任務而感受到「心流」（flow）。在此，我們的思維受到米哈里・齊克森特米海伊（Mihalyi Csikszentmihalyi）對「心流」經驗的研究所影響。他說明，心流指的是「人們高度融入某項活動，以致於忘卻其餘一切的狀態；這項經驗本身極其美好，使得人們願意純粹為了投入這項活動而付出高昂的代價。」詳見《心流：高手都在研究的最優體驗心理學》（*Flow: The Psychology of Optimal Experience*, New York: Harper & Row, 1990）。

# 第8章

為展現強烈情緒對談判造成的影響，我們以漢堡兄弟的案例做為本章的開場白。這個案例是以另一產業的某《財星》五百大企業的類似狀況為基礎。為了保密，案例中的人名、企業名稱及案例背景全都做了修改。

正如第一章所述，談判者很難觀察當下發生的種種情緒。然而研究顯示，人們相當善於辨別強烈情緒的展現（詳見艾克曼的《心理學家的面相術：解讀情緒的密碼》）。由於強烈負面情緒為談判者造成了獨特的挑戰，本章特地闡述一套確切的辦法幫助讀者應付強烈的情緒。

## ▼強烈負面情緒會導致談判脫離正軌

丹尼爾・夏皮羅用「天旋地轉」（vertigo）這個詞，形容強烈情緒造成的認知窄化及情緒「暈眩」效果。關於如何將這項觀念運用於化解衝突，請參考夏皮羅與劉（V. Liu）的論文〈穩定和平心理學〉（*The Psychology of a Stable Peace*），收錄於費茲達夫（M. Fitzduff）與史陶（C. Stout）合編的《化解全球衝突的心理學》（*The Psychology of Resolving Global Conflicts*: From War to Peace, 2005）。

要深入理解負面情緒在社交互動中扮演的角色，請閱讀高曼所著的《EQ》。他在該書中說明我們的「情緒腦」（杏仁核）可以如何推翻「思維腦」（新皮層）。

**▶ 在出現負面情緒之前制定緊急應變計畫**

近期，約瑟夫・勒杜（Joseph LeDoux）在情緒神經心理學領域上提出了一項劃時代的發現。詳見《情緒腦：情緒生活的神秘基礎》（*The Emotional Brain: The Mysterious Underpinnings of Emotional Life, London*: Weidenfeld & Nicolson, 1998）。當資訊透過眼睛及耳朵進入大腦，不見得會先抵達「思維腦」。資訊首先在稱做「視丘」的腦部位進行「分類」，如果視丘辨識出情緒資訊，例如你遭遇了立即的人身危險，它會立刻向情緒腦發出訊號。因此，你還來不及思索當下的狀況，便開始出現情緒反應。當你看見一條蛇盤起身來準備咬你，你會不假思索地往後跳到安全距離之外。然而，當資訊首先進入你的情緒腦，你很可能說出或做出日後會後悔的事情。

當情緒強烈，就算解決了問題，情緒往往還會持續一段時間。直到殘餘效應消失之後，我們才有辦法以全新的眼光看待問題。因此，當情緒逐漸升溫，我們建議最好採取緩解技巧或暫停一下。

**▶ 安撫自己及對方**

有關身心放鬆方法的嚴謹資料，請參考赫伯・班森（Herbert Benson）的著作，從他與克利普（M. Klipper）合著的經典作品《哈佛權威教你放鬆自療》（*The Relaxation Response*：*HarperCollins*: New York, 2000）開始。

**▶ 認清你的目的**

已有眾多研究顯示發洩的作用有限。要取得更多資料，請參考甘迺迪摩爾（Eileen Kennedy-Moore）與華森（Jeanne C. Watson）合著的《表達情緒：迷思、現實與治療策略》（*Expressing Emotion: Myths, Realities, and Therapeutic Strategies*：New York: Guilford Press, 1999），以及塔弗里

斯（Carol Tavris）的《憤怒：被誤解的情緒》（*Anger: The Misunderstood Emotion*：New York: Simon & Schuster, 1989）。

強烈負面情緒往往在我們面臨高難度對話時爆發出來。撰寫本書之際，我們有幸請教幾位同事。史東（Douglas Stone）、派頓（Bruce Patton）和西恩（Sheila Heen）合著的《再也沒有難談的事》（*Difficult Conversations: How to Discuss What Matters Most*：New York: Viking, 2000）提出建議，告訴讀者如何管理高難度對話的三個層面：內容、感受，以及認同感議題。

## 附錄

有許多資源可以幫助讀者學到更多談判技巧，以下略舉一、二。在《哈佛這樣教談判力》（*New York: Penguin,* 1991）中，費雪、尤瑞（William Ury）與派頓闡述了利益導向談判法的步驟。莫菲特與博爾多內合編的《化解爭執手冊》中，有一章標題為〈談判〉，派頓在此章詳述了「談判七大要素」。湯普遜（Leigh L. Thompson）在《談判者的頭腦與心靈》中概述有關談判的研究。貝澤曼（Max Bazerman）與尼爾（Margaret Neale）說明談判者常犯的錯誤，並提出方法幫助談判者防範這些錯誤；詳見《樂在談判》（*Negotiating Rationally*, New York: Free Press, 1993）一書。

對於涉及代理人的談判，例如法界與商界常見的情況，努金（Robert Mnookin）、柏沛（Scott Peppet）與涂盧梅洛（Andrew Tulumello）針對談判中發生的「三種張力」：介於委託人與代理人、同理心與權利，以及創造價值與分配價值之間的張力，提供了一套理論架構；詳見《超越輸贏》（*Beyond Winning: Negotiating to Create Value in Deals and Disputes*, Cambridge, MA: Belknap Press of Harvard University Press, 2000）。科爾布（Deborah Kolb）從性別角度探討談判技巧；請參考她與威廉斯（Judith Williams）合著的《日常的談判》（*Everyday Negotiation: Navigating the Hidden Agendas in Bargaining*, San Francisco: Jossey-Bass, 2003）。萊克斯（D. Lax）與塞貝尼斯（J. Sebenius）在

《經理人談判者》（*The Manager as Negotiator*: Bargaining for Cooperation and Competitive Gain：New York: Free Press, 1986）中，提出了有關談判的理論與建議。若希望深入理解建立共識的過程，請參考《共識手冊》（*Consensus Building Handbook: A Comprehensive Guide to Reaching Agreement*：L. Susskind, S. McKearnan, and J. ThomasLarmer, Thousand Oaks, CA: Sage Publications, 1999）。若要從分析的角度看談判，請參考《談判分析》（*Negotiation Analysis: The Science and Art of Collaborative Decision Making*：Howard Raiffa with John Richardson and David Metcalfe, Cambridge, MA: Belknap Press, 2003）。至於談判文獻的最新評論，請參考論文〈談判〉（*Negotiation*：*M. H. Bazerman*, J. R. Curhan, D. A. Moore, and K. L. Valley），收錄於2000年《心理學年鑑》（Annual Review of Psychology, 51, 279–314）。

有關衝突解決的整體概念，請見杜希（Morton Deutsch）與寇曼（Peter Coleman）合編的《衝突解決手冊：理論與實踐》（*The Handbook of Conflict Resolution: Theory and Practice*：San Francisco: Jossey-Bass, 2000）。若要深入分析各種型態的衝突解決辦法，不妨參考《化解爭議：超脫敵對模式》（*Dispute Resolution: Beyond the Adversarial Model*：Carrie J. Menkel-Meadow, Lela Porter Love, Andrea Kupfer Schneider, and Jean R. Sternlight, Aspen, CO: Aspen Publishing, 2004）。另外，《談判的要領》（*Essentials of Negotiation*：Roy J. Lewicki, Bruce Barry, David M. Saunders and John W. Minton, 3rd ed. New York: McGraw-Hill, 2003）則是一本廣為流傳的談判教科書。

# 哈佛法學院的情緒談判課：5大核心情緒策略，創造共贏成果

Beyond Reason: Using Emotions as You Negotiate


| | |
|---|---|
| 作者 | 羅傑．費雪（Roger Fisher）、<br>丹尼爾．夏畢洛（ Daniel Shapiro） |
| 譯者 | 黃佳瑜 |
| 商周集團執行長 | 郭奕伶 |
| 視覺顧問 | 陳栩椿 |
| 商業周刊出版部 | |
| 總監 | 林雲 |
| 責任編輯 | 潘玫均 |
| 封面設計 | 萬勝安 |
| 內頁排版 | 廖婉甄 |
| 出版發行 | 城邦文化事業股份有限公司-商業周刊 |
| 地址 | 15020 台北市南港區昆陽街16號6樓<br>電話 ：(02) 2505-6789　傳真：(02) 2503-6399 |
| 讀者服務專線 | (02) 2510-8888 |
| 商周集團網站服務信箱 | mailbox@bwnet.com.tw |
| 劃撥帳號 | 50003033 |
| 戶名 | 英屬蓋曼群島商家庭傳媒股份有限公司城邦分公司 |
| 網站 | www.businessweekly.com.tw |
| 香港發行所 | 城邦（香港）出版集團有限公司<br>香港灣仔駱克道193號東超商業中心1樓<br>電話：(852)25086231　傳真：(852)25789337<br>E-mail：hkcite@biznetvigator.com |
| 製版印刷 | 鴻柏印刷事業股份有限公司 |
| 總經銷 | 聯合發行股份有限公司　電話：(02) 2917-8022 |
| 初版1刷 | 2020年6月 |
| 初版11刷 | 2024年5月 |
| 定價 | 400元 |
| ISBN | 978-986-5519-06-3 |





國家圖書館出版品預行編目 (CIP) 資料

哈佛法學院的情緒談判課：5 大核心情緒策略，創造共贏成果 / 羅傑 . 費雪 (Roger Fisher), 丹尼爾 . 夏畢洛 (Daniel Shapiro) 著 ; 黃佳瑜譯 . -- 初版 . -- 臺北市 : 城邦商業周刊 , 2020.06

面；　公分

譯自 : Beyond reason : using emotions as you negotiate

ISBN 978-986-5519-06-3( 平裝 )

1. 談判 2. 談判策略

177.4　　109004739

藍學堂

學習・奇趣・輕鬆讀